コロナとオリンピック

日本社会に
残る課題

石坂友司

人文書院

コロナとオリンピック　目次

コロナとオリンピック——日本社会に残る課題

はじめに

東京2020オリンピック・パラリンピック競技大会は、一九六四年以来五六年ぶりに東京で開催されるはずだった(1)。二〇一三年に開催が決まってから混乱続きだった大会準備だが、一体誰がこの結末を予想できただろう。突如現れた新型コロナウイルスの全世界に及ぶ爆発的な感染拡大で、二〇二〇年三月にオリンピックは史上初めての延期と決まった。新型コロナウイルスの感染拡大は、オリンピック開催の是非にとどまらず、ソーシャル・ディスタンスという言葉を生み出しながら、私たちの社会を根底から変えつつある。

もし新型コロナウイルスの感染拡大が起こらなかったら、二〇二〇年の東京、日本はオリンピックという喧噪に包まれていただろう。一九六四年の東京オリンピックを分析した拙編著『一九六四年東京オリンピックは何を生んだのか』で示してきたように(2)、さまざまな混乱や批判のあったオリンピックの準備過程ではあったものの、大会が開催されればそれらはすべて雲散霧消し、生み出されたレガシー（遺産）の賞揚が行われていたことは想像に難くない。一九六四年大会は、実際には大会直前まで盛り上がりを欠き、開催が不安視されるものであったにもかかわらず、聖火リレーが始まると人びとの期待は高まり、大会後は成功に終わったという意見が大勢を占めたのである。加えて、五〇年以上が経過した現在では、一九六四年大会は大成功のうちに実施され、数多の遺産を生んだ大会として言及される。「ライバルは、一九六四年。」という広告が二〇一六年に放送されたことの意味を読み解きながら、社会学者の阿部潔は、事実や史料による検証（＝脱神話化）を脇に追いやり、この大会の素晴らしさを言祝ぐ「一九六四年東京オリンピックの再神話化」とでも呼ぶべき動きが見て取れることを指摘している(3)。

このような現象が私たちに警告してきたのは、二〇二〇年大会がいったん開催されれば、これまで批判されてきた問題や生み出されてしまった負の遺産は、いともたやすく検証をすり抜けてしまうという危険性である。一方で、コロナ禍に置かれている現在では、大会開催の是非のみが焦点化され、この大会の評価はネガティブな価値にのみ収斂し始めている。本書はこのことに抗うため、オリンピックをめぐって何が起きているのか／きたのか、そしてどのような構造がオリンピックのもとに作られているのか／きたのかについて、明らかにしていくことを目指す。

一方で、オリンピックそのものに反対すべきかと言えば、筆者はその立場をとらない。(4)コロナ禍に直面するまで、多くの人びとがオリンピックに少なからず期待を寄せていたように、この大会が演出するポジティブな価値は紛れもなく存在する。また、筆者の前著である『現代オリンピックの発展と危機 1940-2020──二度目の東京が目指すもの』(5)でも示してきたように、オリンピックが一二〇年以上にもわたる歴史を生き残ってきた理由の一つに、強力な理念から私たちの社会を照射し、その構造を明るみに出す効果があげられ、それが課題解決や社会変容に少なからず寄与することがあげられる。そのことを前著では「象徴的権力」と名付けておいた。オリンピックとの付き合い方は東京大会を契機に大きく変わることは間違いないが、招致の過程からさまざまに指摘され、批判されてきたオリンピックを通して垣間見える日本社会の有り様は、良くも悪くもある種の現実である。オリンピックを世界から消し去ったとしても、日本社会の課題は消え去るわけではない。

もちろん、そうは言っても、オリンピックを開催しなければこの喧噪は引き起こされなかったし、オリンピックが商業主義や開発主義の衣をまとってから、スポーツ界そのものを変えつつあるということも事実だろう。ただし、八〇年代以降のトップ・スポーツにおいて、すでに商業資本との連携なしではさまざまなイベントや大会の開催が不可能になっていることを踏まえれば、商業主義を切り離すという解には実効性がない。そのことが意味するのはスポーツ界の衰退でさえある。だとすると、行き過ぎた商業主義を抑制しながら、大会のあり方を別の方向に向けていくことが模索されなければならない／ならなかった。ここには社会学者の吉見俊哉が試みるように、システムの内部にいながら、それをやがて内破するオルタナティブを探ることも可能性として含まれる(6)。

これだけ巨大化した、メガイベントと呼ばれるオリンピックは、もはや一つの価値では裁断できず、多様な側面を含み込む。ヘレン・ジェファーソン・レンスキーが批判的に「オリンピック産業」と呼んだように(7)、これはスポーツ競技の最高峰の祭典でありながら、商業主義や都市開発、ナショナリズムやスポーツ界を巻き込んだ政治の展開が同時並行的に行われていく一大プロジェクトである。結論で示すように、コロナ禍に直面したプロジェクトとしての東京大会は失敗に終わりつつあると言えるかもしれないが、それが現実に私たちの社会に突きつけた課題は避けて通ることのできないものである。では、オリンピックが日本社会に突きつけた課題や問題とはどのようなものなのか。その内容を明らかにし、検証していくのが本書の目的である。

コロナ禍でのオリンピック開催は、社会を照射するという意味で強くあらねばならない理念や意義の不在を徹底的にあぶり出し、開催の是非を問う議論を一層強く引き起こしている。大会が延期となった二〇二〇年三月を一つの転換点として（第一章）、再び二〇二一年夏の開催に向かう経緯（第六章）について検証していきたいと思う。

オリンピックの風景を変えた新型コロナウイルス

新型コロナウイルス（後に正式名称 Covid-19 と世界保健機関（ＷＨＯ）に定められる）の発症例が報道され始めたのが二〇一九年一二月、当初この未知のウイルスに対して私たちの警戒心はそれほどが強かったわけではない。二〇二〇年一月に行われた安倍晋三首相（当時）の施政方針演説では、七月のオリンピック開催が何の疑いもなく、「日本全体が力を合わせて、世界中に感動を与える最高の大会とする。そしてそこから、国民一丸となって、新しい時代へと、皆さん、共に、踏み出していこうではありませんか」と呼びかけられていた。[8] 史上初のオリンピック延期を経験した二〇二一年夏の私たちからすれば、この発言はなんとも現実離れしたものに響いてくる。

オリンピック関係の行事に影響が出始めたのが二〇二〇年一月二二日、ウイルスの発祥地と言われる中国の武漢で開催されることになっていたボクシングのアジア・オセアニア予選の中止であった。日本でも三月一日に予定されていた東京マラソンが一般ランナーを参加させずに実施され、サッカーJリーグは三月一五日の公式戦からすべての試合が延期された。春のセンバツ高校野球も史上初めての中止が決まった。開催規模の大きいスポーツ・メガイベントでは、六月に開幕予定だったサッカーの欧州選手権（ユーロ２０２０）が三月一七日に一年延期となった。

ようやく社会がこのウイルスの脅威を認識し始めた二〇二〇年の三月末には、大学などで卒業式が中止、または簡易な形式に置き換わり、送別会などは中止に追い込まれていった。関西の大学で、卒業旅行に出かけて帰国した学生と懇親会を実施した学生の間で大量感染が見つかったことで、「スーパースプレッダー」なる用語が拡散された。ウイルスの感染は個人の問題にとどまらず、社会的な責任にまで拡大したことで、一気に警戒レベルが高まっていったのである。

医療社会学者の美馬達哉は、「スーパースプレッダーが集合的想像力の世界を支配するとき、病気という「悪」を排除するためには、感染の被害者としての病者に対するものとしての医療ではなく、感染を拡げる「加害者」から人びとを守る「社会防衛」として、例外的な手法——たとえば隔離・検疫から外出制限や都市封鎖まで——をとることが容認される」とし、これが「恐怖の政治学」を支える想像力となると指摘する。[9] このような「恐怖の政治学」に満たされていく社会にあって、オリンピックを開催するということはどのような経験としてとらえられていったのだろうか。

二〇二〇年の日本社会は、まずこの未知のウイルスを恐れ、理解することから歩みを始めた。三密という言葉が提示され、人びとは不足するマスクを買い求めながら、オリンピックやスポーツどころではなくなった。都市封鎖を意味するロックダウンという言葉を初めて耳にし、その有効性が議論されていく中、政府の対応は鈍かった。世界の各都市がロックダウンに突入する中で、日本政府は三月下旬までオリンピックの開催可能性を探っていた。聖火リレーの出発が迫っていたからである。二〇二一年にも同様の経験をするように、オリンピックの開催が予定されていることの足かせは予想以上に大きかったと言える。

コロナ禍の発生はオリンピックと社会の付き合い方を根底から揺さぶっていった。大会が開催されれば雲散霧消したであろう現代のオリンピックが抱える問題が、消えることなく目の前にさらけ出されるようになった。一方で、延期された一年で、人びとはオリンピックを開催する意義を改めて考え始め、大会によって得るものと失うもの、オリンピックの現代的な有り様をようやく知り始めた。しかしながらそれに対する分析は十分とは言えないのが現状である。

二〇二一年に延期された大会が近づき、いっこうに収束に向かわないウイルスの感染拡大によって中止の世論が高まると、人びとはオリンピックを単なる商業主義のイベント(少数者の利益、利権のために行われるイベント)として理解し、批判し始める。ここに及んで、コロナ禍を経験する前後のオリンピックはまったく別の風景を見せることになったのである。それがどのような価値観の変化に結びついていくのかについて、今少し立ち止まって検証してみたい。まずはオリンピックが延期となる経緯から始めて、二〇二一年までの歩みを振り返っていこう。

（1）現在ではオリンピックとパラリンピックが一体化して競技大会を開催することになっているが、本書では主にオリンピックについて焦点を当てて分析する。そのため、特に断りがなければ東京大会とはオリンピック競技大会を指す。
（2）石坂友司・松林秀樹編『一九六四年東京オリンピックは何を生んだのか』青弓社、二〇一八年。
（3）阿部潔「「2020」から「1964」へ――東京オリンピックをめぐる〈希望〉の現在」、小路田泰直ほか編『〈ニッポン〉のオリンピック――日本はオリンピズムとどう向き合ってきたのか』青弓社、二〇一八年、一九六ページ。吉見俊哉『五輪と戦後――上演としての東京オリンピック』（河出書房新社、二〇二〇年）も参照。
（4）例えば、ジュールズ・ボイコフの「祝祭便乗型資本主義」(Jules Boykoff, *Celebration Capitalism and the Olympic Games*, Routledge, 2014)、ヘレン・ジェファーソン・レンスキーの「オリンピック産業」（ヘレン・ジェファーソン・レンスキー『オリンピックという名の虚構――政治・教育・ジェンダーの視点から』、井谷惠子・井谷聡子監訳、晃洋書房、二〇二一年）という分析視角からの批判的研究が展開されている。
（5）石坂友司『現代オリンピックの発展と危機 1940-2020――二度目の東京が目指すもの』人文書院、二〇一八年。
（6）吉見、前掲『五輪と戦後』。
（7）レンスキー、前掲『オリンピックという名の虚構』六ページ。
（8）『朝日新聞』二〇二〇年一月二一日付。
（9）美馬達哉『感染症社会――アフターコロナの生政治』人文書院、二〇二〇年、一一四ページ。

第一章　東京オリンピックと二〇二〇年
——聖火リレーの到着と大会の延期

オリンピックが開催される予定だった二〇二〇年は、祝祭ムードに突入する前に、新型コロナウイルスの感染拡大で混乱の極みに達した。本章では大会が延期と決まるまでの経緯を振り返りながら、そこで明らかになった問題の所在について示していこう。

今ひとつ盛り上がりに欠ける大会の気運醸成を託されていたのが、復興オリンピックの目玉とされ、「震災復興の象徴」と位置づけられていた聖火リレーである。ギリシャで採火された聖火が航空自衛隊松島基地に到着したのが二〇二〇年三月二〇日であった(1)。一九六四年大会で、国立競技場の上空に五輪のマークを描いたブルーインパルスが所属する松島基地は、二〇一一年の東日本大震災で甚大な被害を受けたことで、再びオリンピックと結びつけられた。オリンピックと復興を結びつける役割が期待された聖火は、「復興の火」

として被災三県に展示された後、原発事故の収束基地となり、同じく復興と結びつけられたJヴィレッジからリレーされる予定であった。

安倍晋三首相は「復興オリンピック」を演出するため、三月七日に福島入りをしている。そこで常磐線の全線開通を祝うイベントに参加し、聖火リレーに復興のアピールを託す予定であった。WHOがパンデミック宣言をしたのがそのすぐ後の三月一一日で、オリンピックは開催されるのか、延期か中止されるのではないかとの憶測が出始めた頃、その判断を誰が行うのかに注目が集まっていた。国際オリンピック委員会(IOC)会長のトーマス・バッハがWHOの勧告に従うと発言したのが三月一三日、その後四週間以内に大会延期を含めた結論を出すと表明したのが三月二二日である。決断の遅れを非難され、一年程度の延期決定を行ったのが二日後の三月二四日と、めまぐるしく情勢は動いた。

延期、または中止の可能性が出てくる中、一年から二年の延期を検討すべきと日本国内で真っ先に主張していたのが東京オリンピック・パラリンピック競技大会組織委員会(組織委員会)理事の高橋治之である。高橋は元電通専務という肩書きから、IOCや国際的なスポーツビジネスと密接な関わりをもつ人物である。高橋は二年後の延期が一番可能性があると三月の早い時期から発言して物議を醸していた(2)。組織委員会会長の森喜朗は不快感を表明し、高橋の発言を否定したものの、オリンピックの運営に精通している高橋の発言は、二〇二〇年夏の開催が事実上難しくなっていることを知らしめた。

一方で、組織委員会、東京都、政府は延期や中止の憶測に対する火消しに追われた。三月の時点では、すでに新型コロナウイルスの世界的な感染拡大が始まっており、夏の開催が難しくなっていることは明らかだったが、どの組織も代替案の提示を行わず、聖火リレーの開始が迫る中、イベントの開催に不安を覚える多くの人びとによってオリンピックの開催強行は批判にさらされることになる。ここに見られる意思決定の不明確さは、二〇二一年に見られる延期大会の運営についても何度となく繰り返される光景であるが、これは意思決定をめぐる組織的な問題に加えて、IOCと締結している契約が原因の一つである。

組織的な問題とは、オリンピックに関わる諸アクター（IOC、日本オリンピック委員会（JOC）、組織委員会、東京都、政府など）の連携協力が十分に果たされていないことに加え、責任の所在が明確になっていないことである。オリンピックに関係する諸アクターの組織間関係を分析した行政学者の西村弥によると、今大会の組織はIOCとJOC・組織委員会に代表される「集権・分離型」の関係と、国内アクターの「分権・融合型」の関係

によって構成されており、その「かなめ」の役割を組織委員会が果たすことで調整されている。(3)

一方で、オリンピック憲章をもとに、オリンピックにかかわるすべての独占的権限を有し指導を行えるIOCと、JOC・組織委員会などの国内組織は「集権」的関係にあるが、その責任は国内組織に負わされ、多様な実施業務の役割分担は明確に切り分けられる「分離」関係にある。他方で、東京都と組織委員会は相互に強制力を有しない「分権」的関係にありながら、広報や会場設備・運営などの「共管」事項が複数存在することで、「融合」の関係にあるとされる。これらの関係はIOCと開催都市が結んだ「開催都市契約」によって規定され、その主体は東京都、JOC、組織委員会である。

ところが、内閣の東京オリンピック競技大会・東京パラリンピック競技大会推進本部(オリパラ推進本部、本部長は首相)にはオリパラ担当大臣がいて、都や組織委員会に及ぼす明確な権限を持たない「分権」状態であるにもかかわらず、「大会の意義を」規定しようとする。

西村の説明によれば、核になる存在が希薄で、複数の主体が「融合」的に業務を進める必要がある中で、国による強い関与がなく、かと言って東京都や組織委員会が強いリーダーシップを発揮できるわけではないことがこの組織関係の構造と問題である。(4) これは、スポーツ界やオリンピックに詳しく、政治力を発揮して調停を行える人材が「かなめ」として オリパラ担当大臣に配置され、重責を担ってこなかったこととも符号する。また、後に辞任に追い込まれた組織委員会会長の森が、首相やスポーツ界のトップ経験者として、IOCや都、政府、スポーツ界との調整役を担うことで、絶大な影響力を行使していくこととつながっている。この問題は後述する。

次に、IOCとの契約問題がある。オリンピックは基本的にはIOCと開催都市が「開催都市契約」を結ぶことで履行され、さらには組織委員会、NOC(国内オリンピック委員会、JOCが該当)を加えた四者で締結した「併合契約」によっても法的にしばられる。(5)

この開催都市契約には、「オリンピック資産」(Olympic Properties)(6) に関するあらゆる権利、及びそれらを使用する全ての権利がIOCに独占的に帰属していることが明記されていて、開催都市が負うべき義務について書き込まれている。この義務については、開催都市は、「いかなる性質であっても、また、直接または間接を問わず、本契約の規程違反に起因する、すべての損害、費用および責任について連帯責任を負う」とあり、IOCが適当と見なす場合は単独で訴訟を起こすことができると記されている。(7) また、大会を中止する権利は一方的にＩＯＣが有していて、「開催都市契約」第六六条「契約の解除」には、以下のいずれかに該当する場合にＩＯＣは中止または契約解除の判断を下せることが規定されている。(8)

ⅰ）開催国が開会式前または本大会期間中であるかにかかわらず、いつでも、戦争状態、内乱、ボイコット、国際社会によって定められた禁輪措置の対象、または交戦の一種として公式に認められる状況にある場合、またはＩＯＣがその単独の裁量で、本大会参加者の安全が理由の如何を問わず深刻に脅かされると信じるに足る合理的な根拠がある場合。

ⅱ）（本契約の第五条に記載の）政府の誓約事項が尊重されない場合。

ⅲ）本大会が二〇二〇年中に開催されない場合。

ⅳ）本契約、オリンピック憲章、または適用法に定められた重大な義務に開催都市、ＮＯＣまたはＯＣＯＧが違反した場合。

ⅴ）本契約第七二条（開催国の法の制定、改正、または発行によるＩＯＣ、ＩＦ、及び各国のＮＯＣに対する不利益への措置：筆者注）の重大な違反があり、是正されない場合。

さらには、その理由の如何にかかわらず、中止または契約解除が生じた場合、開催都市、ＮＯＣおよび組織委員会は、いかなる形態の補償、損害賠償、その他の賠償、またはいかなる種類の救済に対する請求及び権利を放棄すること、そして、第三者からの請求、訴訟、または判断からＩＯＣ被賠償者を補償し、無害に保つものとすることが明記されている。以上からわかるのは、ＩＯＣにはオリンピック開催に関する絶大な権利が付与されていて、開催都市、組織委員会との間に圧倒的に不均衡な関係が存在することである。また、情報開示については、秘密保持に関する「付属合意書№２」によって、各当事者が財政的、法的、または政府の手続きのために必要である場合と範囲を除き、契約の交渉、締結、及び履行に関連して提供された機密データや情報の秘密を守る条項にサインしていて、その交渉過程をつまびらかにできないという制約を受けている。この点は住民や国民の理解を得るための適切な情報公開を妨げており、延期決定や二〇二一年以降の開催判断に関する社会との対話を難しくした要因でもある。

今回の新型コロナウイルスによる世界的なパンデミックに対して、オリンピックの中止、または延期がどのように判断されるのかについては、上記「開催都市契約」に照らして解釈が行われた。中止にあたる理由としては、iii）本大会が二〇二〇年中に開催されない場合、が該当し、延期の判断をするには、第七一条「予測できない、または不当な困難」に契約の締結日には予見できなかった不当な困難が生じた場合、組織委員会は合理的な変更を考慮するようにIOCに要求できる（ただし、あくまでもIOCの行使する裁量に委ねられる）と定められていて、[9] 条文上はIOCが認めれば延期が可能になっている。国内では、日本側から大会を返上し、中止にすべきという意見も出されたが、「開催都市契約」上は中止の権限はIOCにしかない。そもそも国内の関係する諸アクターは中止や延期どころか、開催以外にない姿勢をとり続けた。

社会との対話を拒み続けたオリンピックとスポーツ界

元アスリートの立場で延期すべきという意見を掲げたのがソウル大会の銅メダリストで、JOC理事である山口香である。山口はアスリートが十分に練習できていない状況での開催は「アスリートファースト」ではないとして、延期を主張した。[10] これに対してJOC会長の山下泰裕は、「JOCの中の人が、そういう発言をするのは極めて残念」と発言し、その後の記者会見でも選手の意見集約はしないのかとの質問に、「我々に決定権がない中で、しかもホスト国の責任を背負っている中で、いろんな不安の声を聞く必要があるが、アスリートたちの意見を集約をすることに意味があるとは思えません」(11)と答えるなど、異論を認めない姿勢を崩さなかった。ここには、アスリートの意見を踏まえて、世論を形成する最大のチャンスが残されていたことを山下は逃したのである。二〇二一年二月に再びオリンピックの開催是非が議論され始め、森の舌禍問題が発生したとき、スポーツ界を取り巻く問題の構図は再び私たちの前に現れることになる。

多くの人命を奪いながら感染症が猛威を振るっている社会で、人びとが交流をもつことで成立し、その効果を最大に発揮するイベントであるオリンピックは、この時点で社会との対話を開始しなければならなかったのだ。ところが、一部の利害関係者によって開催の是非が判断されようとしたことで、さらには彼らが開催の意思を示し続けたことで、これまで経験したことのないほどの敵意をもってオリンピックは迎えられることになる。

一方で、オリンピックの延期や中止に関わる判断が示されないことについて、意思決定ができない組織の構造的な要因を批判する向きもあったが、その背景にあるさまざまな利害関係がその判断を妨げているのではないかという憶測が生み出されていく。それがどのようなものかについては第二章以降で詳しく見ていくことにしたい。加えて、この判断の棚上げが、ウイルス対策の最善手とも言われた都市の封鎖、いわゆるロックダウンを行うことを妨げていることに対する陰謀論のような批判も行われるようになっていた。すなわち、ロックダウンを行えば、七月のオリンピック開催を失うというロジックである。実際、安倍はオリンピック延期が決まったすぐ後の四月七日、東京、神奈川などを含む七都府県に緊急事態宣言を発出し、四月一六日には全国に拡大した。その後全国の緊急事態宣言が解除されたのは五月二五日である。緊急事態宣言の発出によって、「生活の維持に必要な場合」を除く外出の自粛要請が出され、学校が休校となったほか、感染を広げる恐れのあるイベントが制限されたり、中止を余儀なくされたりした。

日本野球機構（NPB）とJリーグは合同で対策連絡会議を実施し、緊急事態宣言下での開催を否定し、解除後も無観客で試合を行う見通しを示した。プロ野球などのスポーツイベントの興業は無観客では収入の柱を失うことになる。それでもプレイを見せられることとの意義を重視し、緊急事態宣言解除後、プロ野球は六月一九日に無観客で開幕戦を迎えた。Jリーグは二月二一日に開幕を迎えていたが、いったん中断され、J2は六月二七日より、J1は七月四日より第二節が無観客で再開された。コロナ禍によって、スポーツイベントが目の前から消える日常を戦後以降、私たちは初めて経験した。

オリンピックの延期決定

大会の延期に影響を与えたIOC委員としてカナダのディック・パウンドがいる。パウンドは副会長を務めた経歴のある一九七八年以来の最古参のIOC委員として、頻繁にメディアに登場して意見を開陳している。IOCが延期を含めて検討に入ったことを示した三月二二日の翌日、アメリカのUSAトゥデー誌のインタビューに答え、IOCが持っている情報にもとづき、延期は決まったと見解を示した。[12]

また、カナダオリパラ委員会は三月二二日、「これは単なるアスリートの健康問題ではなく、パブリックヘルスの問題である」として、二〇二〇年の夏に大会が開かれたとしても選手団を派遣しないことを表明し、ノルウェーやブラジルのオリンピック委員会も延期を要求して続いた。[13]その後オーストラリアのオリンピック委員会も自国選手が今夏にプレイすることはないとして、二〇二一年大会への準備をするようにアスリートに告げていることを表明した。このようなNOCの不参加表明と延期要請は、北朝鮮の不参加を除いて二〇二一年には起こっておらず、このとき各国の感染状況が抜き差しならないところに追い込まれていたことを示している。

オリンピックが延期されたケースはこれまでになく、中止は第一次世界大戦のため開催できなかった一九一四年のベルリン大会をはじめとして、「幻の東京オリンピック」と呼ばれる一九四〇年の東京大会、[14] 第二次世界大戦の影響を受けた一九四四年のロンドン大会などで経験されているが、いずれも戦争が影響している。東京大会は歴史上、二度にもわたって困難な状況を経験することとなった。

後に分析するように、ＩＯＣはＪＯＣの山下を欠いた陣容での会談の結果、ＷＨＯからもたらされたパンデミックのさらなる拡大情報にもとづき、二〇二〇年の大会開催を不可能とし、二〇二一年の夏までに代替開催されること、大会名称は引き続き「東京２０２０オリンピック・パラリンピック競技大会」とすることを判断し、[15] 聖火も日本にとどまることを表明した。その後合意された「付属合意書№４」の中で政府は、大会を成功させるために開催都市、ＮＯＣ、組織委員会と協働することを確認し、政府の全面的な支援及び約束をＩＯＣに対して宣言している。一方で、ＩＯＣも一定の譲歩の姿勢を見せ、大会開催の結果として生じる剰余金二〇％の受け取りを放棄し、東京や日本の青少年やスポーツ、並びに社会の全体的利益のために使用されることを条件として組織委員会に使用させることを認めた[16]。

延期の判断に至った理由をバッハは、「感染が世界中に広がり問題は日本がどうかというより世界中の国が参加できるかどうかに変わってきた」、あるいは「いま全世界の人類が暗いトンネルの中にいるが、オリンピックの聖火をそのトンネルの出口を照らす光にしたかった。東京オリンピックは人類がいまだかつてない難局を乗り切ったお祝いの場となる。世界の団結の象徴にしよう」と呼びかけ、理解を求めた[17]。この後オリンピック開催の意義に置き換わっていく「コロナ禍に打ち勝った証としてのオリンピック」というニュアンスは、このときすでに登場している。

その後バッハは発言を修正し、夏に限定せず、「全ての選択肢が交渉のテーブルの上にある」ことを表明した[18]。このとき、酷暑での開催を批判されていた東京大会は、メディアなどでは秋季開催も選択肢にあげられているように報じられたが、実際はより早い時期の春季開催と当初の予定通りの夏開催とで綱引きが行われていたのである。そもそもテレビ放映権に絡んで設定された夏のオリンピック開催は[19]、ここでも揺らぐことはなかった。二〇二一年の開催時期は早々に決まり、秋開催の期待を裏切るかたちで、二〇二〇年大会と一日だけずらした七月二三日が開幕とされた。この案は他の期間にずらした場合の年間スケジュール調整の難しさや、春よりはウイルスの収束が期待できること、夏休みで輸送やボランティア確保が容易であることなどを考慮した日本側の提案が受け入れられたかたちとなった。一方で、酷暑対策などに期待が寄せられていた秋季開催は検討の余地がなく、二〇二一年大会が実施された場合でも課題として残り続けることになる。

ところで、大会の延期を決めた会議にいたのは安倍、森のほか、菅義偉官房長官、橋本聖子オリパラ担当大臣、小池百合子都知事の五名だった。そこにはスポーツ界を代表する立場のＪＯＣ会長で、日本選出の唯一のＩＯＣ委員である山下の姿はなかった。山下はこの会議の開催について、後日よくわからなかったと述懐しているが、森は「スポーツの相談じゃないんだ。ここは山下くんが入るケースとは違うと思う」と延べたとされ[20]、意思決定においてスポーツ界が全く蚊帳の外に置かれていることは明白だった。山下と言えば、一九八〇年のモスクワオリンピックがボイコットされたときの柔道代表で、金メダルが確実視されながら涙を飲んだアスリートの一人であり、自身の競技人生が政治に翻弄されてきた経緯をもつ。

繰り返しになるが、山下は日本を代表して選出されたＩＯＣメンバーである。また、開催都市契約には、ＩＯＣと東京都に加えて、日本のＮＯＣであるＪＯＣを当事者とすることが記されていて、会長が蚊帳の外に置かれるのは契約上も問題がある。(21)この山下を欠いた陣容がこの大会で優先されてきた構成、すなわちアスリートファースト、スポーツの祭典としてのオリンピックよりも、政治的、経済的権益を優先する大会であることを図らずも示していると言えるだろう。そこには、モスクワ大会以降に政治からの分離独立を掲げてきたＪＯＣが、東京大会の招致とともに招き寄せた組織的弱体化と政治からの自律性の喪失とも言える帰結も示されている。このことは第六章で詳しく述べる。

大会延期に伴う課題

延期によって発生する課題はこれまでとは比較にならないほど多岐にわたって発生することになった。コロナ禍でどのように開催が可能かという課題は言うまでもなく、感染症が蔓延する社会にあって準備がそもそも可能なのかということが懸念された。この後四月から出された緊急事態宣言によって、会社や学校への通勤通学が抑制、ないしは禁止され、社会はいわゆるリモート生活への模索に入った。例えば、テレビ番組などを見ても、収録が不可能になったことで出演者は自宅からのリモート出演に切り替わり、大河ドラマが休止、延期となったことが象徴的出来事である。

大会を延期するためには会場の確保が絶対条件で、ウエイトリフティングの会場となっている東京国際フォーラムをはじめとして、すでに二〇二一年の予定が決まっている施設が多く存在した。詳細や総額は公表されていないが、延期に伴う負担金や補償金が発生したケースがあるとみられているものの、組織委員会は二〇二〇年七月の段階で予定していたすべての施設を確保した。このことは国家的イベントのもつ強制力が背景にある。選手村の建物を改修して大会後に分譲されることになっていたマンションは、二〇二三年に引き渡しが行われることになっていたが、この延期で一年程度遅れることになった。賃料は都が三八億円あまりを負担することで不動産会社と合意に至っているが、引き渡しが遅れることで生じる費用の補償を求める調停などが購入者によって裁判所に申し立てられている(22)。その他、仮設資材の維持・管理や競技施設の環境保持に関する課題も発生した他、お台場海浜公園に設置されていたオリンピックマークのオブジェが点検のために一時撤去されることになるなど、施設に関する影響は多方面に及んだ。

次に大きな問題を抱えたのがスポンサーである。国内スポンサーは全六八社あり、当然ながら組織委員会とは二〇二〇年までの契約を締結していた。二〇二一年大会を迎えるためには新たな契約を結ぶ必要があり、また、ウイルス感染症対策で経費の増加が見込まれる中、追加出資が求められた。詳細は公表されていないが、報道によると、最上位カテゴリーのJOCゴールドパートナーには一〇億円程度の出資が求められたとされる。[23]大会の延期に伴って、オリンピックの価値自体が低減し、業績悪化を経験している企業もある中で、スポンサー企業は大会との一蓮托生の関係を求められたと言える。結果として全六八社が契約を一年延長した。

オリンピックとスポンサーの関係はコロナ禍の前後で分けて考える必要があるが、第六章で論じるように、二〇二一年以後に大会が大きな批判にさらされるに至って、この大会に投じられたスポンサー料に見合う収益なり、企業イメージの向上は達成されなかったのではないだろうか。オリンピック至上主義とも言える、オリンピックを中心としたスポーツ界の構造は今後見直されていくだろう。一方で、JOCをはじめ、日本のスポーツ界を支えてきた組織や団体との信頼関係が強まったことも考えられ、より長いスパンでの検証が必要だ。ここにはスポンサーに加わった新聞社とオリンピック報道のあり方の検証も加える必要がある。

大会延期に伴う費用と経済損失

この大会の招致時から、多くの人の関心事項であり続けたのが大会経費の増額である。招致プランから約二倍に膨れあがった予算は常に批判を浴び、それに付随して発生する間接経費をあわせた経費総額の「三兆円」という数字がオリンピック批判の合い言葉ともなっていた。あくまでもコロナ禍以前の状況においてのことだが、三兆円が無駄に投入されているという説明は短絡的で、実態とかけ離れた数字であることは指摘しておきたい。そもそも大会の会場経費と運営経費を合わせた、いわゆる直接経費はテレビ放映権料やスポンサー収入などでまかなわれることになっていて、間接経費として都や国によって投入されている施設整備費などは、大会後も使用されることから、完全に無駄とは言い切れないのである。ただし、それほど大きな経費が、当初の計画以上に投入されているということを実感させ、批判的に語られる数字として「三兆円」が機能していることは疑いない。この点についてはメディアによる報道の仕方に問題がある。一方で、招致プランが精緻なものではないことや、オリンピックが都市開発とセットになって進行することから、経費の増加は当然起きるのだが、招致段階から十分な見通しが示され、説明が尽くされてきたかと言えば全くそうではない。このプロジェクトがどのような遺産を創り出し、どのような無駄を生んだのかについては大会の検証とともに、大会後一〇年から二〇年のスパンで検証を続ける必要がある。(24)

経費増加に対する批判が根強い中で、延期によって新たな追加経費が必要になることについて、中止を含めた議論が喚起され始めた。組織委員会は二〇二〇年一二月に新型コロナウイルス感染症対策を盛り込んだ予算V5（バージョン5）を公表したが（図1と2）、それによると支出総額は一兆六四四〇億円を計上し、オリンピック大会史上最高額を更新した。二〇一九年一二月に公表されたV4予算に予備費を加えた一兆三七七〇億円から二六七〇億円（うちパラリンピック経費六〇〇億円）の増額となり、その増額内訳は感染症対策関連費が九六〇億円、選手村の維持管理や開閉会式などのオペレーション費が五四〇億円などとなっている。(25) 一方で、開閉会式の簡素化、IOC委員に対するセレモニーやラウンジでの飲食提供の縮小によって約三〇〇億円を削減した。一番高い視聴率を稼ぎ出す開閉会式を通してオリンピックの価値を維持し、委員自らの特権を維持したいIOCとの綱引きがあり、難色を示すIOC会長の発言も見られたが、結果として日本国内での批判を背景にして、組織委員会側が押し切ったかたちとなった。後者はIOC委員の優遇に切り

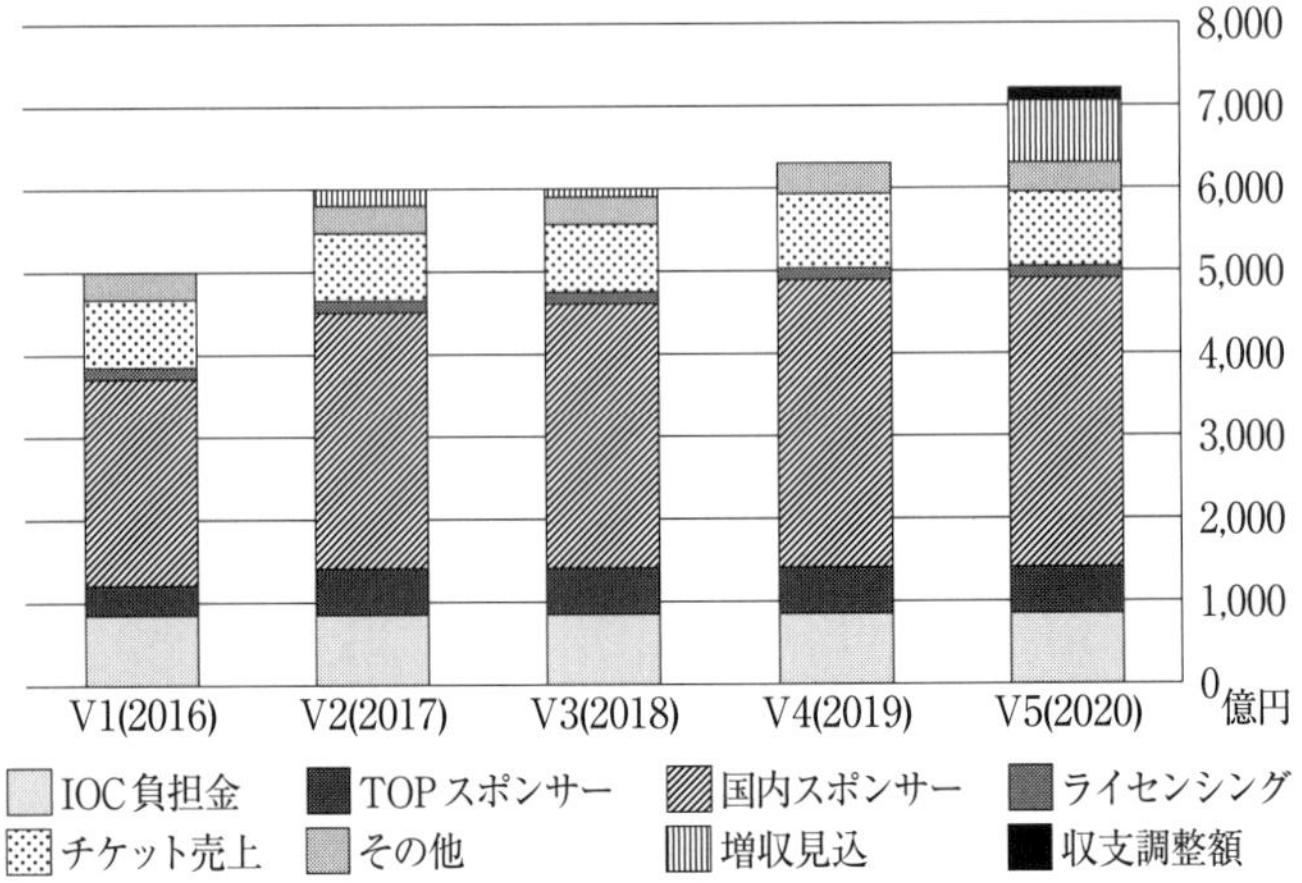

図１　組織委員会収入の推移
出典：組織委員会ホームページから作成。

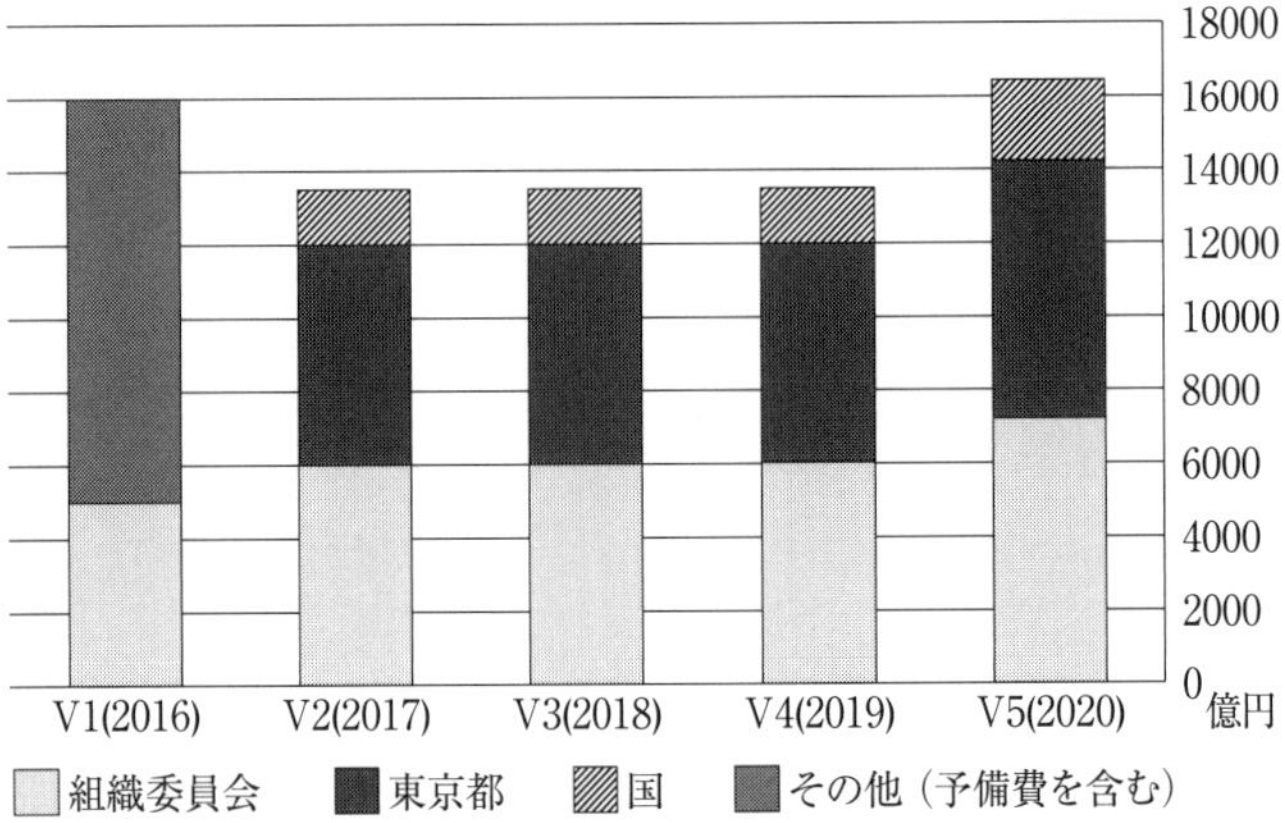

図２　経費分担試算の推移
出典：組織委員会ホームページから作成。

込んだという点で、評価される削減だったと言える。ちなみに、開閉会式の簡素化は狂言師の野村萬斎を統括とする七人のチームの解散を招き、電通出身の佐々木宏が統括に就任したが、後に辞任へと追い込まれることになった。

予算V5の収入には、延期による興行中止保険の支払い約五〇〇億円と、スポンサーに求められた追加協賛金を加えた七六〇億円が計上された。この増収分に予備費の一五〇億円を加えても支出の増加分をまかなえないことから、東京都が一五〇億円の収支調整額を計上して帳尻を合わせた。一方で、チケット収入などは開催形態が見通せないことから据え置かれたが、二〇二一年三月に海外からの観客を受け入れない方針が決まったことを受け、大幅な減収が確定している(26)。同年六月以降に方針が決定されることになっているが、観客数に制限が行われたり、無観客開催になったりした場合、チケット収入の大幅な減収、もしくは収入そのものがなくなる可能性があり、大幅な赤字が生み出されることがほぼ確実になっている。今後その赤字分を都と国のどちらが負担するかに焦点が当てられることになるが、都はすでにコロナ対策で基金の大半を使い切っており、国の負担となる公算が高い。二〇一六年のリオ大会では石油産業の低迷によってリオデジャネイロ州が財政的危機に陥り、警備や医療、交通などの運営が完全に破綻するのを防ぐために非常事態宣言が出され、ブラジルの連邦政府が約九〇〇億円の追加支援を行った経緯がある。[27] 東京都の経済規模では国による追加負担は想定されていなかったが、思わぬ形での負担要請が出されるものとみられる。

理論経済学者の宮本勝浩は大会が延期または中止になった場合の経済効果について試算し、報道向けに公表している。[28] それによると、(1)一年延期による経済的損失は約六四〇八億円、(2)簡素化による経済的損失は約一兆三八九八億円、(3)無観客開催による経済的損失は約二兆四一三三億円、(4)中止による経済的損失は約四兆五一五一億円とされる。中止の場合には、大会運営費や観戦者の消費支出、企業マーケティング活動費などのほとんどが失われ、大会後のスポーツ大会や文化事業などの損失も見込まれるとされ、中止によって膨大な損失になると公表した。[29] 二〇二一年は延期開催に向けて準備が進んでいるが、海外客を入れないことによってインバウンドの消費需要が見込めず、チケット収入の減収とともに、大きな経済的損失が見込まれている。

この比較からもわかるように、中止の場合の経済的ダメージが一番大きい。大会が無観客となっても開催されれば、テレビ放映権を中心とした一定の収入を得ることができるが、中止となれば、これまでの支出分を税金で補填する必要が生じる。先に見た組織の問題や契約の縛りによって中止決定が下せないことに加え、経済的損失の発生が大きな足かせとなっているのである。このことは後に、経済と命のどちらを優先するのかという二項対立を招くことになる。

大会一年前カウントダウンの是非

五月末に都市のいわゆるロックダウンは解除されたものの、日常が戻らない不安といらだちの中で迎えた二〇二〇年七月二三日、本来は東京大会が開催されていたはずの日の前日に、新国立競技場で一年前のカウントダウンイベントが開催された。この年の七月はずっと懸念事項だった夏の暑さはなりを潜めて冷夏となり、初旬から第二波とみられる感染の拡大に見舞われていた。ちなみに、八月は一転して猛暑に襲われることになった。

そのイベントで、聖火が灯るランタンをもって登場したのは競泳選手の池江璃花子だった。池江は二〇一七年に日本選手権の自由形、バタフライ競技などで史上初の五冠を達成、二〇一八年アジア競技大会では六冠を達成するなど、東京大会で金メダル獲得が有望視されていたトップスイマーである。二〇一九年に白血病と診断されたことを公表して入院生活に入り、東京大会を断念して、二〇二四年のパリ大会に向けて再出発を開始したアスリートである。池江は後に驚異的な復活をみせ、二〇二一年四月に行われたオリンピック代表選考会を兼ねた、日本選手権の女子一〇〇メートルバタフライで優勝して出場権を獲得し、批判が渦巻くオリンピック開催を前進させる象徴的存在になっていく。

池江は「一人のアスリートとして、そして一人の人間として」話したいと前置きをして語り始めた。

オリンピックやパラリンピックは、アスリートにとって、特別なものです。その大きな目標が目の前から、突然消えてしまったことは、アスリートたちにとって、言葉にできないほどの喪失感だったと思います。私も、白血病という大きな病気をしたから、よく分かります。思っていた未来が、一夜にして、別世界のように変わる。それは、とてもきつい経験でした。

メッセージの内容は自らの病気によって奪われたオリンピック出場という夢と、コロナ禍で大会が奪われたアスリートを重ね合わせ、そこから逆境を乗り越えていくためには希望の力が必要であること、世の中が大変な時にスポーツの話をすることに批判があることを認めながら、それでも自身がアスリートとして発言し、そして世界中のアスリートから勇気をもらっている人のために一年後に希望の炎が輝いていてほしいと語りかけた。[30] また、池江は「一年後へ。一歩進む。〜＋1（プラスワン）メッセージ〜TOKYO ２０２０」と題する三分ほどのビデオメッセージをつづった。[31]

大会の開催が危ぶまれるというより、それどころではないという社会の雰囲気の中、時計が戻された開催一年前のイベントにおいて、組織委員会はメッセンジャーを二十歳の若きアスリートに託した。人選は「池江一択」だったと報じられるように、[32] 演出を担当した統括の佐々木は、目の前からオリンピックが突然奪われたアスリートと闘病生活を乗り越え再挑戦しようとしている前向きな姿を重ね合わせた。

池江はこの日から始まる一年を単なる延期ととらえるのではなく、「プラスワン」＝未来志向で前向きに思考することを提案した。池江のメッセージにはＳＮＳで共感が広がる一方で、メッセージそのものではなく、彼女をこのイベントに登場させた組織委員会に批判が寄せられた。それは免疫力が落ちた白血病とたたかうアスリートを、新型コロナウイルスの危険にさらしてまで登場させたことに対する批判である。彼女に勇気づけられたという言説と、利用されたとする言説は交わることなくすれ違い続けた。

ただ一方で、物言わぬアスリートであることが望ましいとされる社会にあって、アスリートが発言を行うことに対して批判的な言説が向けられる構造も可視化される必要があるだろう。このイベントには池井を最大限利用しようとした企画者側の意図が存在したことは確かだろうが、池井は自らの意思でこの場に立ち、自らが立ち得ないとその時は認識していた東京大会に対して、仲間のアスリートのために発言したとも考えることができる。メディアがスポーツに託す過剰な物語についてはさまざまな領域で登場し、批判されるところではあるが(33)、アスリートの発言を一方的に物語の側に回収させることはもう少し慎重であっても良い。

それでも、第二波が同時進行的に起こっていた社会で、池江のメッセージは現状を変えるまでの力を持ち得なかった。それほどオリンピックは私たちの日常から遠ざかっていたのである。ところが、後に彼女がオリンピックへの出場権を獲得すると、開催を支持する人たちのわずかな希望をたぐり寄せる存在になっていく。このことは後述する。

以上論じてきたように、オリンピックがコロナ禍に直面してどのようなイベントとしてとらえられてきたのかについては、この後の各章で検証しながら、結論部分で再度議論したいと思うが、オリンピックやスポーツはすでにアマチュアリズム的な、人びとがスポーツの本質と信じているものとは遠く離れた場所にあることを認識する必要がある。[34] すなわち、このイベントはクーベルタンが創出した理念的価値にはじまり、商業主義、開発主義、環境主義、レガシー（遺産）など、多面的な価値観や思惑がまとわりつき、さまざまな利害関係者が背後に存在しながら闘争のアリーナを形成する、複合的なメガイベントになっている。[35] オリンピックのことを考える際に、これは商業主義のイベントに成り下がり、スポーツの本質から逸脱しているので止めるべきであるといったように、たった一つの側面から分析し、断罪することはすでに十分ではない。

フランスの社会学者ピエール・ブルデューが指摘するように、オリンピックはスポーツスペクタクルからナショナリズム的な役目を果たすものへの変貌の過程、映像と言葉の生産、商業化のための競争に加わる行為者と機関の間の客観的関係の総体（ＩＯＣ、テレビ局やスポンサーなど）、国家的スポーツ政策に関連づけられるスポーツ生産の産業化などを複合的に観察し、分析しなければならないイベントに成長しているのである。[36] コロナ禍に直面して再び問われるようになってきた、オリンピックを開催する意義やオリンピックそのものの構造について、急激な変化を経験した社会に照らして次章以降で考えていきたい。

（1）石坂友司「オリンピックに託された震災復興とは何か」、石坂友司・井上洋一編『未完のオリンピック――変わるスポーツと変わらない日本社会』かもがわ出版、二〇二〇年、六‐三四ページ。震災復興とオリンピックの関係性については第三章で詳しく論じる。

（2）『朝日新聞』二〇二〇年三月二一日付。

（3）西村弥「東京二〇二〇における組織間関係」、高峰修編『夢と欲望のオリンピック――その多様な姿』成文堂、二〇二〇年、一〇一‐一一七ページ。

（4）同上、一一七ページ。

（5）以上の契約文書は東京都オリンピック・パラリンピック準備局のホームページ「開催都市契約２０２０」で閲覧可能である（二〇二一年四月現在）。

（6）「オリンピック資産」とは、オリンピックのシンボル、旗、モットー、それと識別できるもの（「オリンピック」、「オリンピック競技大会」、「オリンピアード大会」など）、エンブレム、聖火などを指す（『開催都市契約 第32回オリンピック競技大会（２０２０／東京）』五ページ）。

（7）同上、『開催都市契約 第32回オリンピック競技大会（２０２０／東京）』一〇ページ。

（8）同上、七二ページ。

（9）同上、七六ページ。

（10）『朝日新聞』二〇二〇年三月二〇日付。

（11）『朝日新聞』二〇二〇年四月二日付。

（12）『日本経済新聞』二〇二〇年三月二四日付、ＷＥＢ版。

（13）『USA TODAY』二〇二〇年三月二二日付、ＷＥＢ版。

（14）この大会の中止の顚末と影響については坂上康博・高岡裕之編『幻の東京オリンピックとその時代――戦時期のスポーツ・都市・身体』（青弓社、二〇〇九年）が詳しい。

（15）『付属合意書No.４』三ページ。
（16）同上、八ページ。
（17）「東京五輪・パラ延期　ＩＯＣバッハ会長、単独インタビュー」ＮＨＫ・ＷＥＢ版、二〇二〇年三月二五日付。
（18）『朝日新聞』二〇二〇年三月三一日付。
（19）テレビ放映権によるオリンピックへの影響は、石坂友司『現代オリンピックの発展と危機　１９４０－２０２０――二度目の東京が目指すもの』（人文書院、二〇一八年、第五章）で詳しく論じた。
（20）『朝日新聞』二〇二〇年四月二日付。
（21）『開催都市契約　第32回オリンピック競技大会（２０２０／東京）』四ページ。オリンピックの延期に際して、ＩＯＣが結んだ「付属合意書No.４」の当事者も組織委員会、ＮＯＣ（ＪＯＣ）、東京都となっている。
（22）「選手村マンション購入者　引き渡し遅れの補償求め調停申し立て」ＮＨＫ・ＷＥＢ版、二〇二一年二月一日付。
（23）『朝日新聞』夕刊、二〇二〇年一二月二三日付。
（24）石坂友司・松林秀樹編『〈オリンピックの遺産〉の社会学――長野オリンピックとその後の一〇年』（青弓社、二〇一三年）では、一九九八年の長野オリンピックの一〇年後を検証した。
（25）組織委員会ホームページ「組織委員会およびその他の経費」、並びに『時事通信』二〇二〇年一二月四日付配信記事をもとにまとめた。
（26）海外分のチケットはオリンピックが約六〇万枚、パラリンピックが約三万枚とされ、総額は公表されていない。また、延期が決まった時点で国内分の払い戻しが行われ、オリンピックでは販売済みの約四四五万枚の一八％に当たる約八一万枚が払い戻された（『朝日新聞』二〇二一年三月二一日付）。
（27）『Reuters』二〇一六年六月二〇日付、ＷＥＢ版。

(28)『KU EXPRESS 関西大学 プレスリリース』No.53、二〇二一年一月二一日。
(29)『共同通信』二〇二〇年三月二一日付、WEB版。
(30)『朝日新聞』二〇二〇年七月二四日付。
(31)「一年後へ。一歩進む。〜+1(プラスワン)メッセージ〜TOKYO 2020」(組織委員会ホームページ、二〇二〇年七月二四日)。
(32)『毎日新聞』二〇二〇年七月二三日付、WEB版。
(33) 例えば、甲子園野球が創り出す「高校生らしさ」の物語などがよく知られる(清水諭『甲子園野球のアルケオロジー』新評論、一九九八年)。ナショナリズムとの接点については第五章で論じる。
(34) この本質と人びとが信じるものですら、イギリスの階級制度にもとづく、創られた倫理観であることは拙著(石坂、前掲『現代オリンピックの発展と危機 1940-2020』第一章)で論じた。
(35) 石坂、前掲『現代オリンピックの発展と危機 1940-2020』を参照。
(36) ピエール・ブルデュー「オリンピック――分析のためのプログラム」、櫻本陽一訳『メディア批判』藤原書店、二〇〇〇年、一四〇-一四五ページ。

第二章　東京オリンピックがもたらす都市空間の変容

この章では、一九九〇年代以降、オリンピックの招致を正当化する一つの根拠ともなっている都市開発について考えてみたい。二〇一二年のロンドン大会がイースト・ロンドンの開発によって特徴付けられているように、オリンピックは大規模都市開発を伴い、都市を大きく変えうる力を有している。東京という都市空間は、今大会の開催によってどのように変容する／したのであろうか。ここでいう都市空間とは、人々が住まう「生きられた空間」のことであるが、都市が競技施設や道路建設といった、物理的なものを創り出し、環境を変容させていくばかりではなく、住民の生活の変化や、都市を作り替えていく営みを含めた概念としてとらえる必要がある。本章では最もオリンピックの特徴を表し、可視化されやすい競技場の建設から見る物理的環境の変化について中心的に論じてみたい(1)。

二〇二〇年大会の前史には、一九六四年大会（以下、六四年大会）と、開催できなかった一九四〇年大会（以下、四〇年大会）が存在する。これらの大会と比較しながら、今大会が有している特徴について見ていこう。

一九四〇年大会と都市開発

四〇年大会は、日本で初めてオリンピック開催が目指され、招致された大会である。招致の声が上げられた一九三〇年六月の時点では、都市の開発をオリンピックによって実現するという発想は存在せず、震災復興を成し遂げた東京を内外に示す祝祭的なイベントとして計画されていった(2)。

この大会が東京にどのような変化をもたらしたのかについては、同じく一九四〇年に開催が決まっていた万国博覧会（以下、万博）、そしてこの二つのメガイベントを結節させた紀元二千六百年奉祝事業の存在を考え合わせる必要がある(3)。オリンピック招致が大日本体育協会（現在の日本スポーツ協会、以下、体協）の消極的な姿勢にもかかわらず、トントン拍子に決まっていったのに対して(4)、万博は一九三四年に日本万博協会が組織されたものの、成案化には時間を要した。

オリンピックは東京市長の永田秀次郎（一九三〇〜一九三三年）が招致を計画し、一九三六年七月に開催が決まった。招致計画に掲げられた会場予定地は、明治神宮外苑競技場（以下、外苑競技場）を主競技場として、東京各地の既存施設を利用する分散計画だった。オリンピックは一九三〇年代に大規模化の時代を迎え、一九三二年ロサンゼルス大会から主競技場の収容人数はそれまでの六万人から一〇万人規模に拡大していた。当時の日本には一〇万人規模の競技場はなく、外苑競技場（三万五千人収容）が唯一開催に耐えられるものだった。文部省の施設調査員として一九三六年ベルリン大会を視察してきた岸田日出刀は、競技会場の威容を褒め称え、東京大会も同規模のスタジアムが必要であることを訴えた。

開催計画は明治神宮外苑（以下、外苑）を中心に綜合大競技場を新設する案（代々木の陸軍練兵場が第一候補）を軸に展開された[5]。一九三七年一月の組織委員会では、第一候補に代々木練兵場（六四年大会の選手村となり、代々木競技場が建設される）、第二候補に千駄ヶ谷（神宮西側に接する一帯の民有地、六四年大会で東京体育館が建設される）、第三候補に青山射撃場跡地、第四候補に駒沢ゴルフ場（六四年大会で駒沢競技場が建設される）などが報告された。この後、代々木と青山の候補地は陸軍省の反対に遭い、千駄ヶ谷案は立ち退きにかかる資金難から、そして駒沢案は都心からの遠さなどが理由で、結局は外苑競技場改造計画が第一候補となった。しかし、競技場改築による風致の破壊を認めない内務省神社局の反対に遭って、計画は難航した。

岸田をはじめとして、国家の威信を示すためには一〇万人規模の競技場は欠かせないと考えられていたものの、以後のオリンピック開催でも中心的役割を果たし、三度の計画に顔を出すことになる外苑競技場の置かれた場所は手狭で、この条件を満たせなかったのである。外苑は一九二六年の風致地区第一号に指定された地域である。そのため、開発に対して、風致の観点からどのように保護・継承されてきたのかという歴史の移り変わりを見て取ることができる地域である。(6)

主競技場の候補地選定には東京市と体協の綱引きが行われ、東京市は月島案（月島以南の埋立地）を掲げ、主に七号埋立地（現在の辰巳）を筆頭に、芝浦埋立地など、開発が進まない埋立地の利用を再三にわたって提案した（図1）。もともと月島（四号埋立地＝現在の晴海）には、銀座にあった東京市の新市庁舎建設計画があった。一九三三年一〇月に移転案が可決されながらも、交通の不便さ、丸の内の衰退などを理由に頓挫していた。ここに万博会場を置き、オリンピックの開催とともに開発のスピードを一気に上げようという

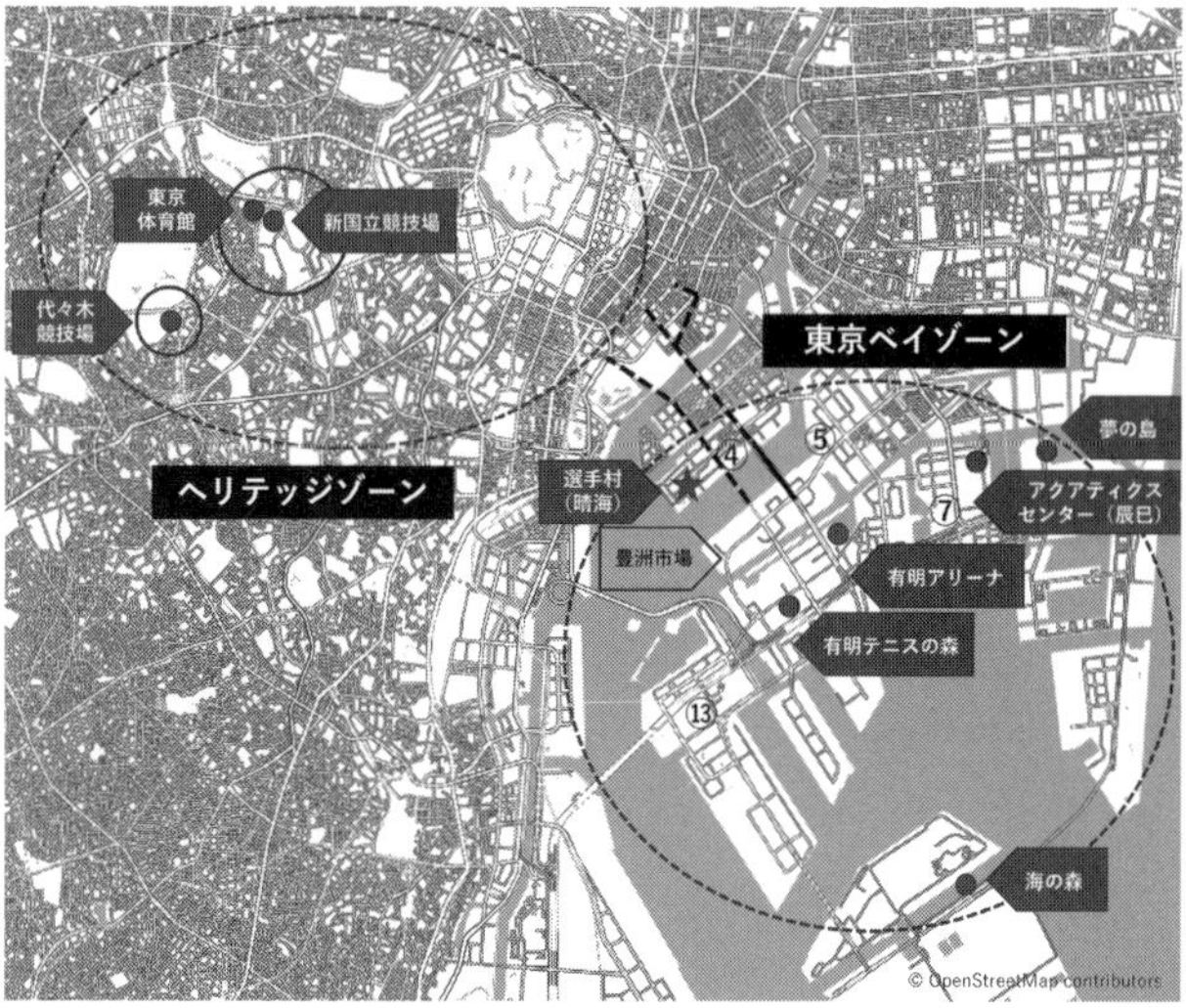

図１　2020年大会の競技会場
注：丸数字は埋立地の番号を表す（④＝第４号埋立地）。

のが東京市の目論見だった。市庁舎の移転計画がオリンピックや万博の招致とともに再び構想されたのである。

一方で、七号埋立地への主競技場の建設は、埋立地ゆえの地盤の弱さ、風速の強さなどを理由に体協が猛反発して実現には至らなかった。埋立地でのオリンピック計画は場所を変えて、再び二〇一六年の招致で顔を出すことになる。

万博は万博協議会の阪谷芳郎の呼びかけによって一九三二年に提案され、日本万博協会の結成によって具体化した。会長の牛塚虎太郎（東京市長、一九三三～一九三七年）は、月島埋立地への万博の誘致と、東京市庁舎建設を目論んだ。その後、四号埋立地と五号埋立地（現在の豊洲）を会場にして万博開催が決まった。万博はオリンピックとともに、紀元二千六百年奉祝事業として結びつくことになる。

オリンピックの主競技場選定は難航を極めた。一〇万人規模の競技場に適した土地は、必然的に空地にならざるを得ないが、競技場の建設、交通網の整備に要する期間の短さを考え合わせると、鉄道の敷設された地域に限定せざるを得ない。そこで最終的に残ったのが駒沢案だった。当時直近に敷設されていたのは玉川電気鉄道（東京横浜電鉄、目黒蒲田電鉄が近隣を通っていた）のみで、都心からの距離の遠さは後の六四年大会同様課題となったものの、ここ以外の選択肢は残らなかったのである。組織委員会が駒沢を主競技場建設地に決めたのは一九三八年四月であり、大会開催まで二年あまりという厳しい状況だった。

このように準備が難航した四〇年大会だが、日中戦争の影響を受け、一九三八年七月一五日の閣議決定を経て、翌一六日に組織委員会から正式に返上が発表された。この大会はいわゆる「幻の東京オリンピック」となった。一方の万博は延期とされた。主競技場の建設予定地だった駒沢は、その後一九四二年の防空緑地指定を受けて都が買収し、戦後に引き継がれていくことになる。

オリンピックと競技施設、都市計画の関係性は時代とともに変化するが、コアとなる競技場の分散／集中の度合いから類型化できる。(7) 一九八四年ロサンゼルス大会に代表されるように、分散型の大会は既存の施設を利用するため、民間資金を利用した商業主義型の開催と親和性が高い。一方で、二〇〇八年北京大会に代表されるように、集中型の大会は、競技施設の建設を都市開発とともに行い、すべての施設を一箇所に集めるため、公的資金を利用した国家型の開催と親和性が高い。東京で計画されたオリンピックは、都市の過密化が進行し続けていた／いるため、分散型と集中型の間に位置する、二つないし三つのコアを中心とした形態をとる。

ベルリン大会は国家的規模で競技会場を整備し、ナチスドイツのプロパガンダにも利用された大会だったが、続く四〇年東京大会にそのような余力はなく、分散型をとらざるを得なかった。オリンピックを利用した都市開発という発想は埋立地案に登場するものの、実現性はなく、駒沢に主競技場が決定した後に、交通整備の必要性が議論されたに過ぎなかったのである。

この大会の主競技場、選手村の候補地が大規模な空地を必要としたことは、この時代の「東京緑地計画」(8) と地続きであることを意味している。選手村の候補地とされた砧《きぬた》台、上高井戸、駒沢などは、一九四〇年以降に緑地指定を受け、やがては防空緑地として位置づけられていくことになる。加えて、これらの空地は軍事、天皇制との密接な関係を持ち、六四年大会に継承されていくのである。(9) また、一九三八年一〇月に厚生省が公表した全国の綜合運動場建設計画は、オリンピック返上後も継続し、国民体力の向上を目的として、「中央競技場」としての外苑競技場に対して、「地方総合運動競技場」の建設をうながしていったが、これは四〇年大会が呼び水となっている。(10)

一九六四年大会と都市開発

六四年大会は数々の競技場を建設し、首都高速道路をはじめとする交通道路網の整備を実現するなど、都市空間を劇的に変化させた。ここにオリンピック開催と都市開発の関係性を明確に見てとれるが、オリンピックが手段として明確に認識されていたかと言えば、必ずしもそうではない。一九五二年の立候補の段階で東京の財政力、都市開発力は著しく劣っており、安井誠一郎都知事（一九四七〜一九五九年）が十分な成果を予想できていたかは疑わしいからである。

例えば、一九五〇年に成立した首都建設法は、地方自治法によって一地方に格下げされた東京都政を首都というキーワードで国政と連結させ、国から資金を引き出す方策であった。[11] 地方自治の放棄などと批判されながらも、道路整備や住宅の増設など、東京が首都機能の回復を果たす最低限の施策であったが、現実的には国からの財政的支援は十分には得られず、進捗状況は思わしくなかった。[12] それを大都市圏の問題として引き継いだ一九五六年の首都圏整備法の成立によって、首都東京を作り上げる目論見が始まるが、計画は難航した。この事態を大きく変化させたのが一九五九年五月に決まったオリンピックの招致決定である。一九六一年一〇月、国は二兆一千億円からなる「第三次道路整備五カ年計画」を策定し、そのうち一千億円を首都高速道路の整備に準備するなど、国家事業としての東京開発が始まった。[13]

大会会場のコアとなったのは、国立競技場を中心とする外苑、そして駒沢、代々木（ワシントンハイツ）だった（図2）。この三箇所は四〇年大会の候補地として有力視されてきた場所で、四〇年大会の遺産と呼べるかもしれない。しかしながら、失敗に終わった六〇年大会の招致計画を視野に入れると別の様相が見えてくる。

東京大会は当初、一九六〇年の開催に向けて立候補された。この招致計画によると、立

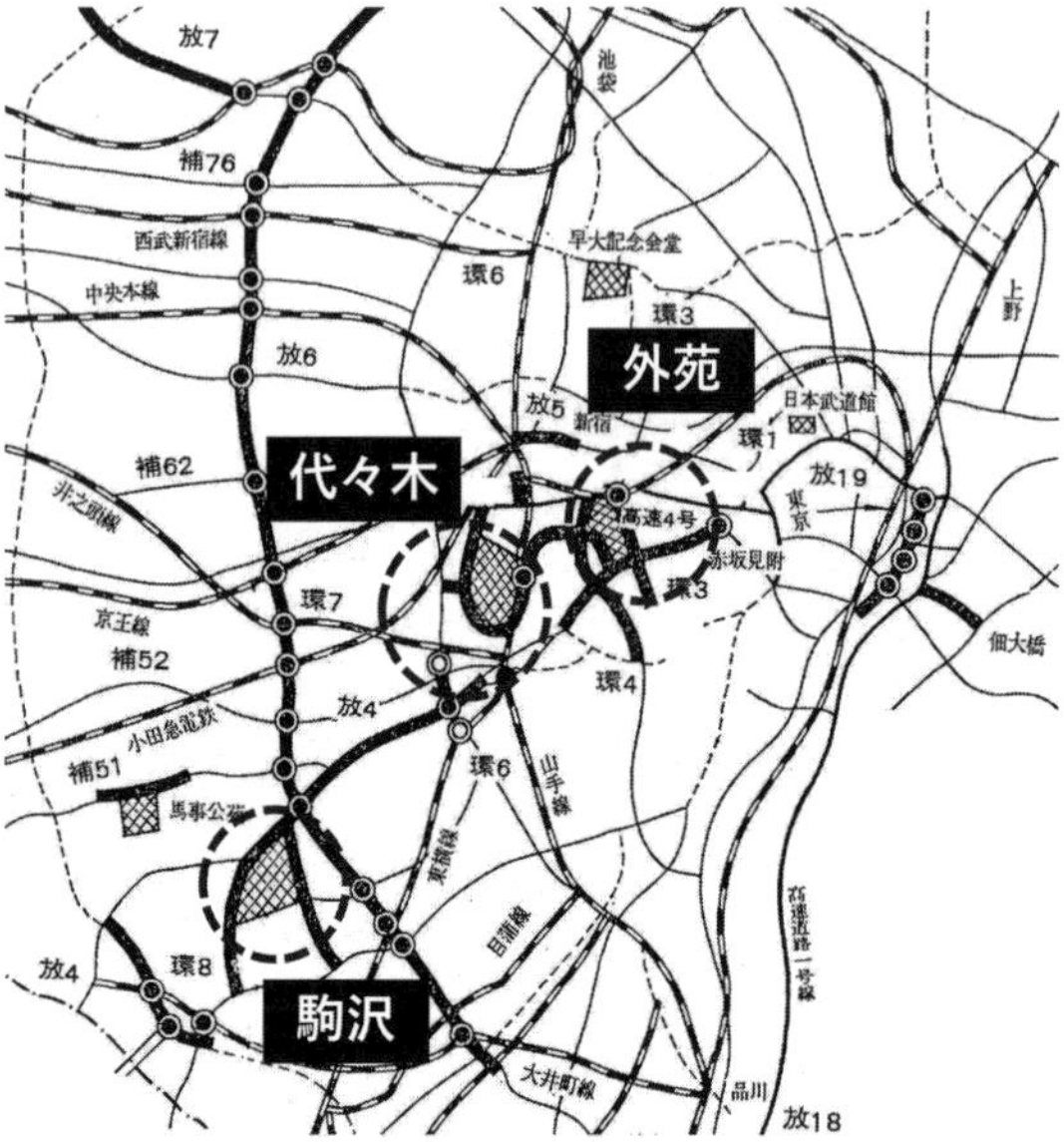

図２　1964年大会の競技会場
出典：東京都首都整備局編『都市計画概要』（東京都首都整備局、1966年、115ページ）から作成。

候補した一九五二年の時点では主競技場の立地は神宮外苑と駒沢が有力視されていたものの[14]、都心からの近さを最優先したことで、駒沢は候補地から早々に外された。その後、大会施設の近接性と選手村からの利便性こそが招致の成否を握ると認識した都の準備委員会は、外苑に国立競技場を新設し、近接地に競技施設をまとめる計画を立てた。選手村にはワシントンハイツの駐留軍宿舎の未使用部分があてられた。なお、四〇年大会で東京市が主張した埋立地では晴海が検討されたが、開発が進まないこの地区は候補にはなり得なかった。[15]
四〇年と六四年大会で掲げられた主競技場の駒沢案は連続しているように見えて、六〇年計画を挟んで断絶している。このことをこれまでの先行研究は見落としてきたのである。結果として六〇年大会はローマに敗れて実現せず、一九六四年の開催に向けた再立候補と計画の練り直しが行われたが、一番の問題は選手村をどこに決定し、競技施設をどのように配置するかであった。当初案では、選手村は米軍の意向を受けて朝霞（キャンプドレイク）に置かれ、返還交渉が進められる予定であった。主競技場は外苑とし、この時、第二会場に駒沢が再浮上した。これは、当時のアメリカ軍と取り結ぶ関係性の変化と、ＩＯＣの意向に大きく左右されたと言ってよいだろう。

一九五九年五月に東京大会の招致が決まり、外苑、駒沢という二つの競技会場、朝霞の選手村をいかに結ぶかが検討された。この時代の都市計画は、点在する競技会場・選手村を基点にし、それを交通が結んで構想されていったところに特徴がある。駒沢の会場計画を立案した高山英華は、競技会場の選定、施設内容の設定、新設・既設の競技場の建設と改修からなる施設の利用計画が先にあり、そこから大会の運営計画が導き出されたことや、公園整備としての競技場建設、住宅団地開発としての選手村建設は、オリンピックを抜きにして考えた際に適当であったとは言い切れないことを認めている(16)。

競技会場は最初から確定していたわけではなく、米軍との折衝で大きく揺らいだ。特に選手村は朝霞からワシントンハイツの全面返還で代々木に変更となり、代々木に選手村と総合競技場が建設されることになったのは一九六一年一〇月のことであった。四〇年大会と同様のドタバタ劇である。国立競技場は、一九五八年に開催された第三回アジア競技大会の主会場として整備され、外苑競技場を取り壊して新たに建設された。アジア大会の開催は一九五二年七月に決まったが、一九五四年には東京都議会から文部大臣へ競技場の国費建設意見書が提出され、国会への陳情が行われている。一九五四年一〇月には有志国会議員による国立競技場建設促進協議会が設立され、国費建設を適当と認める決議を衆議院から引き出した(17)。

戦後の政教分離政策で、外苑の土地は神宮側に払い下げられることになったが、財務省と神宮側の条件が折り合わないうちに国立競技場建設が浮上し、この過程で神宮は国有存置となった。施設を管轄する文部省や主に施設を利用する日本体育協会（現日本スポーツ協会）などは、オリンピックを大義名分にしながら、国立競技場の建設を行うことで、外苑の土地を神宮側から返還させることを目論んだのである(18)。元神社局長の児玉九一、小林政一らが委員をつとめる外苑運営委員会が一九五二年に発足していたものの、戦前の風致の観点から開発をかたくなに拒んできた神社局（明治神宮）の力はすでに削がれていた。それでも、絵画館側の国立競技場の壁の高さを制限するなど、風致への配慮は一定程度行われたと言える。[19]この風致問題が二〇年大会の新国立競技場建設で再び議論になることは後述する。

駒沢会場は土木、造園、建築の一体化を図った総合施設として整備された。駒沢は戦後自作農特別措置法によりいったんは国有地になるが、一九四九年に駒沢緑地総合運動場の建設に伴い再び都有地となった。一九四七年の国民体育大会の競技会場としてハンドボール場、ホッケー場が新設されると、一九五一年には東京都駒沢総合運動場として整備が着手され、硬式野球場が完成している。オリンピック後の駒沢競技場はもともとの体育総合施設に戻し、アマチュアのスポーツセンターとして活用することが想定され、野球場をとり壊し、ホッケー場、ハンドボール場を新設して駒沢オリンピック公園が誕生した。国立競技場、代々木競技場が一流競技者主体の施設であるのに対して、駒沢はスポーツ・レクリエーション的な施設も独立して存在できるように工夫がなされていた。[20]ちなみに、六四年大会では東洋の魔女が活躍したバレーボール、レスリング競技などがこの地で開催された。

大会直前に返還が決まった代々木には、丹下健三の設計で代々木競技場が建設され、水泳とバスケットボール競技が開催された。この建築をもって、丹下は大会後にIOCから特別功労賞を授与されることになり、代々木競技場はこの大会を代表する建築物となった。大会後は選手村跡地が代々木公園として整備され、都心において貴重な森林公園となっている。ただ、元々の計画ではかなり大きな森林公園が造成されることになっていたが、NHKが建設されたことで面積は制限された。二〇年大会に伴い外苑に移転が行われた日本スポーツ協会の建物（岸記念体育館）はこの代々木の隣接地に建設された。

六四年大会を象徴する一つである都市開発は、以上の競技場を結び付けるように交通網が立案され、整備されていった。主要幹線道路（オリンピック関連街路）はオリンピックに「便乗」するかたちで建設されていったのである[21]。羽田空港から外苑を結ぶ首都高速道路一号線、四号線、駒沢と当初選手村に予定されていた朝霞を結ぶ環状七号線、放射七号線、駒沢と外苑を結ぶ放射四号線（青山通り）などが新設、または拡幅された（図2）。よく知られているように、過密化していた都市の用地買収を避けるため、首都高速は河川や道路の上部を利用して建設され、日本橋の上を覆うという象徴的な開発が実行された。これらは以後の交通網整備の基盤となった反面、当時懸念されていた交通渋滞の解消には結びつかず、さらなる道路建設を呼び込むことになる(22)。

もう一点、この大会におけるオリンピックと都市空間の関係性にとって重要なのが、競技会場が都心と西郊に偏って配置され、それを結ぶ街路が整備されたことによって引き起こされた変容である。そのことは都心と西郊の発展をもたらした一方で、基盤投資が十分になされなかった東側との空間構造的格差を生んだことが指摘されている(23)。

二〇二〇年大会と都市開発

二〇年大会を検討する前に、まずは招致に失敗した一六年大会の計画から眺めておこう。この計画では、湾岸埋立地がいよいよ主役として登場する。大会概要は六四年大会の施設(外苑、代々木)を利用したヘリテッジゾーンと、東京ベイゾーン(夢の島、海の森)、そしてその結節点に位置付く結びクラスター(晴海~有明)が想定されていた。主競技場は晴海、選手村は有明に建設される予定であった。晴海は戦前の万博開催予定地である。臨海副都心として開発されてきた一三号埋立地(お台場)(24)と晴海、豊洲をどのように連結し、意味づけるかがバブル経済崩壊後の課題となっていた。一六年大会の招致計画はオリンピックの力によってその解決をはかろうとするものであったと言える。そもそも臨海副都心計画はウォーターフロント計画が名前と関与するアクターを変えつつ一九八〇年代に姿を現したものである。東京都が示した一九八二年の『東京都長期計画』では、都心部への人口等の一極集中に対応するため、職・住のバランスがとれた都市へと再編する「多心型都市構造」が示され、一九八六年の『第二次東京都長期計画』で臨海副都心の整備が始まった。なお、二〇年大会の会場である有明テニスの森公園は、これら一連の開発によって誕生している。

一方で、豊洲・晴海地域は都心と臨海副都心の中間に位置し、一体的に開発すべき重要な位置にあるとされながらも、景気低迷、地価の大幅な下落を受けて開発が止まっていた(25)。二〇〇一年一二月に築地市場の豊洲移転が決まり、整備計画が改定されたが(26)、移転先は環境問題を抱えて立ち往生していた。これら埋立地のオリンピックを利用した起死回生の再開発計画は、招致がリオ・デ・ジャネイロに敗れたことで失敗に終わり、東京は再び二〇年への歩みを始めることになる。

ここで、計画変更を迫る一つの転機が訪れる。二〇一一年に起きた東日本大震災である。

震災からわずか四ヶ月後の七月、再挑戦が宣言されたオリンピック招致は、勢い「復興オリンピック」なる言葉を生み出し、会場計画に大きな変更をもたらした。湾岸地区の防災上の課題から、主競技場は再び外苑に舞い戻ることになり、「コンパクトなオリンピック」、ヘリテッジゾーンと東京ベイゾーンのコンセプトはそのままに、選手村は晴海に置かれることになった（図1）。招致までの経緯は拙著『現代オリンピックの発展と危機 1940-2020』に示したが、二〇一三年九月、オリンピック開催が正式に決まった。

二〇年大会はコンパクトという言葉に運営予算と競技会場の距離的意味合いを重ねて語られてきた。しかしながら、両方が膨張を続け、コンパクトとはほど遠い状況である。四〇年／六四年大会と二〇年大会が大きく異なる点は、前者が限られた土地と予算、時間に切迫した計画を推し進めざるを得なかったのに対して、後者は圧倒的な財力を背景に、開発優先型の土地利用と過剰な予算投入が行われていることである。このことは東京大会の特徴と言うより、現代オリンピックの特徴でもある[27]。

そのことを象徴的に示すのが国立競技場を壊して作られることになった新国立競技場の顛末である。本章で説明してきたように、外苑は戦前から風致に最大限の配慮を払い、開発を封じ込めてきた場所であった。それがいとも簡単に覆され、当初計画ではザハ・ハディドが設計した巨大な競技場が三千億円という巨費を投じて作られる予定だった。建築家の槇文彦らの反対と問題提起によって計画は白紙になり、隈研吾の設計による新たなスタジアムが建築されたことは周知の通りである。[28] この問題はスポーツ・メガイベントによる開発が、歴史的に構築されてきた都市空間に対して全く無理解、かつ強引に推し進められることをさらけ出した。[29]

戦後、外苑は「東京都風致地区条例」の適用を受ける第二種風致地区（建築物の高さを一五メートル以下に規制）に指定されていた。オリンピック招致後の二〇一三年、「再開発等促進区」に指定されると、新国立競技場が建設されるA2地区は七五メートル、A3地区は八〇メートルまで高さ制限が緩和された。これまでバックスタンド側が約三〇メートルに収められてきた国立競技場に対し、七五メートルの巨大競技場案が提示されたのである（なお、隈研吾設計のスタジアムは四九・二メートル）。六四年大会が開発によって外苑の風致を歪めたとはいえ、高さに関する最低限の配慮を行ったことからすれば、今回の建設案が近隣地区の一大開発を伴った、全く異質の都市空間を作り出したことは明確である。

また、東京都が二〇一一年一二月に策定した『2020年の東京』では、「集客力の高い、賑わいあふれるエリアを生み出し、スポーツ振興とともに、活力あるまちの再生を実現する」ために、四大スポーツクラスター（神宮・駒沢・臨海・武蔵野）の開発が書き込まれた。

外苑再整備の動きは二〇一九年に開催されたラグビーW杯の開催計画とも連動している。新国立競技場の建設が急がれたのは、招致前のオリンピックではなく、ラグビーW杯の決勝戦を行うことを想定していたためである。二〇一〇年一一月に西岡武夫を会長とする超党派の「ラグビーワールドカップ２０１９日本大会成功議員連盟」が設立され、二〇一一年二月には「国立霞ヶ丘競技場の八万人規模ナショナルスタジアムへの再整備等に向けて」という決議が出された。この決議は、国立競技場の老朽化と収容規模の小ささ、ホスピタリティ、バリアフリー、ＩＴ環境の貧弱さを解消するために八万人規模のスタジアムにすること、あわせて外苑地区の都市計画や周辺環境整備を含めて検討を行うことが提言されている。[30] このあと東日本大震災を経験したものの、七月には二〇年大会への招致が宣言されることになり、整備計画はオリンピックを巻き込んだ国家的な整備計画へと再編されていくのである。[31]

都は二〇一三年六月に「神宮外苑地区計画」を決定し、『２０２０年の東京』に書き込まれたスポーツクラスターの開発を行うための方向性を示した。この年の九月には二〇年大会の招致が決定し、再整備の動きが加速していった。その後新国立競技場の建設計画が風致の観点から疑義を呈され、二〇一五年七月に白紙撤回された後に、現在の設計に決着したことはすでに述べた。(32)一方で外苑の整備計画は進行し、JAPAN SPORT OLYMPIC SQUAREと名付けられた新ビルがA４地区に建設され、ＪＯＣと日本スポーツ協会が移転したほか、日本青年館も隣の新ビルに移設した。当初このビルには日本スポーツ振興センター（ＪＳＣ）の本部が移設する予定だったが、新国立競技場の白紙撤回によって巨額の経費負担が発生したことから、批判を受けて入居は見送られた。(33)

この他、外苑の再開発(34)は神宮球場を取り壊して秩父宮ラグビー場を新設し、ラグビー場の跡地に神宮球場を新設する案、及びオフィス、商業施設が入る約一九〇メートルのタワー建設などが計画されている（図３）。当初予定では二〇二七年までに球場の新築を完了する予定だったが、二〇二〇年に整備計画の見直しが行われ、ラグビー場は二〇二三年から二〇二六年の工期に、球場は二〇二七年から二〇三一年の工期に改められ、住民側との折衝で東側に建設予定の商業施設が取りやめになった。この再開発で二〇年大会用に改修された陸上のサブトラックがテニスコートに変更され、もともとの軟式野球場は利用できなくなる。サブトラックがなくなることで新国立競技場は陸上競技の世界大会が開催で

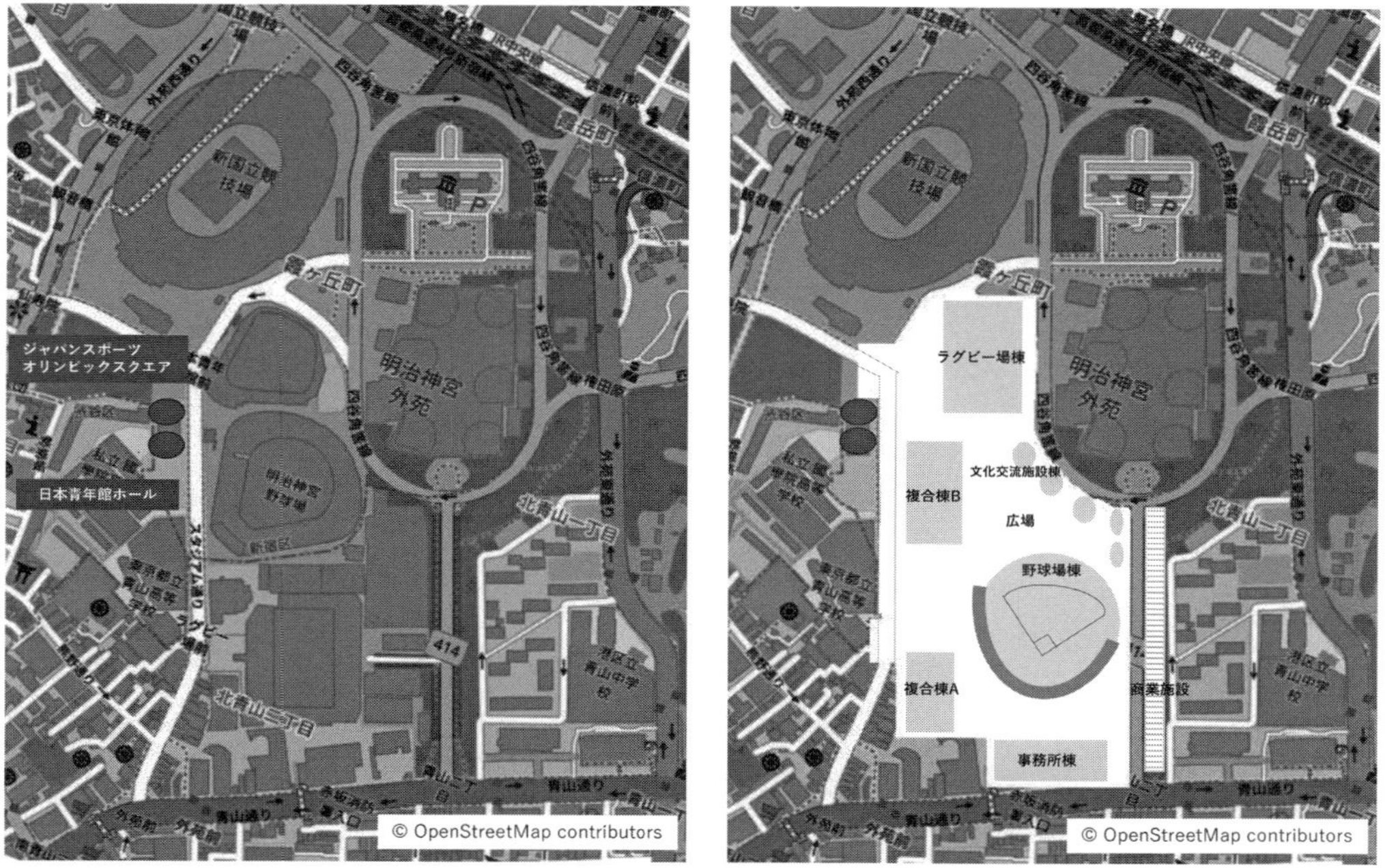

図３　神宮外苑の再開発（右、予定図）
出典：三井不動産ほか『事業計画の変更について——（仮称）神宮外苑地区市街地再開発事業』2020年、より作成。

きなくなるほか、ＪＳＣが競技場を保有したまま事業運営権を民間に売却するコンセッション方式を採ることが決まっているが、東京大会の延期で事業者の選定が先送りされている。ここには年間約二四億円と言われる施設維持費の問題も加わり、どのような利用形態が想定されているのかについて明確ではなく、旧競技場の改修ではなく新設ありきで進められてきた計画の行き詰まりが見える。また、新設されるラグビー場は屋根付きの完全密閉型となることが決まっており、事業費が二〇〇億円から倍以上に膨らむという見通しがあるにもかかわらず、採算がとれるのかについての試算が十分示されておらず、新たな問題を引き起こしつつある。(35)

オリンピックを通じた再開発のもう一つの中心地、臨海地区には晴海の選手村の他、有明、辰巳、夢の島に複数の競技施設が計画された。予算超過のためそのいくつかは中止、または仮設での運用に切り替わったが、有明アリーナ（有明）、アクアティクスセンター（辰巳）など、大型の競技施設が建設されている。臨海は先に見た『２０２０年の東京』の四大スポーツクラスターに指定された場所でもある。一六年の招致計画に引き続き、バブル経済で頓挫した、都心と臨海副都心を結ぶ壮大な計画の穴埋めにオリンピックが利用されていることは紛れもない事実だが、一方で、大会後は晴海のオリンピック選手村が計五六三二戸のマンション群に生まれ変わることになっていて、[36]「HARUMI FLAG」という名称で「つながる・暮らす・憩う・支える」をキーワードに、新しい街づくりの期待が向けられている場所でもある[37]。

六四年大会でも中心課題となった選手村と競技施設を結ぶ交通網は、二〇年大会でもいくつかの整備が行われている。首都高速晴海線が晴海と豊洲間の一・二kmをつないで二〇一八年三月に開通した（図1）。一方で、晴海からは銀座付近と新富町付近で都心環状線に合流する計画があるが、事業化の目処は立っていない。晴海と都心をつなぐルートは、環状二号線で有明から晴海を経由し、神田佐久間町をつなぐ一四kmの整備計画が進行中である。二〇一四年三月には新橋～虎ノ門間が開通した。

以上のように展開されているオリンピック計画はどのような都市空間を形作ったのであろうか。四〇年／六四年大会の土地利用の変遷を比較検討した都市社会学者の町村敬志は、オリンピック開催の都市的意味は、限られた期間に使用する空間を、密集した都市の中でどのようにして見つけ出すのかという一点にたどり着くとし、軍事や天皇制という戦前・戦中期の権威と強制力を背景に確保されていた土地が戦後にいったん「空白」化し、その後に転用されていったと述べる[38]。その上で町村は、オリンピックのようなメガイベントを通じた開発は、空間や時間が限定されることから、都や内閣、そして民間企業の選択的な連携によって、時に議会や選挙といった民主的手続きを経ずに決定されてしまうことに警鐘を鳴らしている[39]。

本章では東京オリンピックと都市空間の関係について、競技場の配置計画の歴史的経緯を踏まえて検討してきた。ここまで見てきたように、オリンピックによる都市開発の特徴は、これまで利用されてこなかった土地を意味づけ、歴史的に形成されてきた空間の意味合いをも大きく変化させていくことである。そして、大小数百件にも及ぶとされるオリンピックに便乗した大規模プロジェクトがそれを支えている。都市開発は一方的に否定されるものではないが、いわゆる成熟した都市でより重要視されると考えられる風致や自然環境の保護などと両立し得ないことが多い。加えて、時に住民の排除や囲い込みを引き起こす。歴史的風致などと、開発によって得られる利益のどちらを重要視するのかは住民が決めていくことが望ましいが、オリンピックは国策と結びつき、また国策の名を借りて開発／再開発を強力に推し進めていく側面は無視できない。

繰り返しになるが、都市開発が前面に押し出されるのは現代オリンピックの特徴の一つでもある。オリンピックを手段にすることの是非とともに、臨海副都心のような負の遺産を抱えてきた地域に、競技施設が密集して建設されることはどのような帰結をもたらすのかを考察することが今後必要となってくる。また、そこでの「生きられた空間」の分析とともに、大会後の影響を探る継続的な検証が必要である。

（1）片木篤『オリンピック・シティ 東京 1940・1964』（河出書房新社、二〇一〇年）、越澤明『東京都市計画の遺産――防災・復興・オリンピック』（筑摩書房、二〇一四年）なども参照のこと。
（2）石坂友司「東京オリンピックのインパクト――スポーツ空間と都市空間の変容」、坂上康博・高岡裕之編『幻の東京オリンピックとその時代――戦時期のスポーツ・都市・身体』青弓社、二〇〇九年、九六‐一二四ページ。
（3）「幻の東京オリンピック」については、坂上・高岡編、前掲『幻の東京オリンピックとその時代』、オリンピックと万博、紀元二千六百年の奉祝行事との関係性については古川隆久『皇紀・万博・オリンピック――皇室ブランドと経済発展』（中央公論社、一九九八年）、暮沢剛巳ほか『幻の万博――紀元二千六百年をめぐる博覧会のポリティクス』（青弓社、二〇一八年）などを参照。
（4）石坂友司『現代オリンピックの発展と危機 1940‐2020――二度目の東京が目指すもの』人文書院、二〇一八年、四四‐四九ページ。
（5）外苑設計者である小林政一、岸田日出刀を中心に、六名からなる競技場調査委員が委嘱され、検討を行った。
（6）戦前の風致地区の概念は名所性・伝統性の継承、景観・街づくり行政としての先駆性、民間による運営管理などを含んでいたが、戦後にはその概念や運営が曖昧になっている（種田守孝ほか「戦前期における風致地区の概念に関する研究」、『造園雑誌』第五二巻第五号、一九八八年、三〇〇−三〇五ページ）。
（7）白井宏昌「オリンピックは都市をどう変えてきたか」、『PLANETS』第九号、二〇一五年、一〇九ページ。
（8）石田頼房編『未完の東京計画——実現しなかった計画の計画史』（筑摩書房、一九九二年）を参照。
（9）町村敬志『都市に聴け——アーバン・スタディーズから読み解く東京』有斐閣、二〇二〇年。
（10）坂上康博「標的としての都市——厚生省による運動施設拡充政策の展開」、坂上・高岡編、前掲『幻の東京オリンピックとその時代』二七九−三一九ページ。
（11）御厨貴『東京——首都は国家を超えるか』（読売新聞社、一九九六年、一〇六ページ）、石田頼房編『未完の東京計画』（筑摩書房、一九九二年、一七二ページ）。
（12）安井誠一郎『東京私記』都政人協会、一九六〇年、一〇六−一〇八ページ。
（13）石坂友司「東京オリンピックと高度成長の時代」、「年報日本現代史」編集委員会編『年報・日本現代史』第一四号、現代史料出版、二〇〇九年、一四三−一八五ページ。
（14）駒沢にはハンドボール場二面、ホッケー場、陸上競技場サブトラックがすでに完成し、陸上競技場、水泳場、体育館、野球場などが建設予定だった。
（15）臨海副都心構想に連なる東京湾開発の構想がオリンピックをきっかけに着手された（御厨、前掲『東京』一七五−一八〇ページ）。
（16）高山英華・加藤隆「オリンピック東京大会における総合施設計画」、『新建築』第三九巻第一〇号、一九六四年、一一八−一一九ページ。
（17）国立競技場『国立競技場十年史』国立競技場、一九六九年、二−三ページ。
（18）当時の文部省社会教育局体育課長、佐々木吉藏の証言に詳しい（同上、二二九−二三一ページ）。
（19）隣接する神宮野球場の八メートル六〇センチを超えないように設計され、七メートル九一センチに収められた(同上、二四一ページ)。

(20)三橋一也『駒沢オリンピック公園』郷学舎、一九八一年。高山英華は競技用地とその後の地域社会との関係について、特に留意して設計していたという(高山・加藤、前掲「オリンピック東京大会における総合施設計画」一二二ページ)。

(21)道路整備を担当した首都整備局長の山田正男は、ローマ大会を視察し、オリンピックが都市基盤整備を進める手段になることを実感したと述べている(山田正男『東京の都市計画に携わって――元東京都首都整備局長・山田正男氏に聞く』東京都新都市建築公社まちづくり支援センター、二〇〇一年、一〇三ページ)。

(22)松林秀樹「オリンピックに向けた道路整備――六四年大会が残したもの」、石坂友司・松林秀樹編『一九六四年東京オリンピックは何を生んだのか』青弓社、二〇一八年、一七九ページ。

(23)町村敬志「オリンピックで見上げた空はなぜ青かったのか」、石坂・松林編、前掲『一九六四年東京オリンピックは何を生んだのか』一六三ページ。

(24)これらの開発は、バブル経済の崩壊に伴い宙づりのまま残された(平本一雄『臨海副都心物語――「お台場」をめぐる政治経済力学』中央公論新社、二〇〇〇年)。

(25)『豊洲・晴海開発整備計画』(一九九〇年)、『豊洲・晴海開発整備計画――改定』(一九九七年)より。

(26)『東京都卸売市場整備計画(第七次)』(二〇〇一年)、及び『豊洲・晴海開発整備計画――再改定(豊洲案)』(二〇〇二年)。

(27)石坂、前掲『現代オリンピックの発展と危機 1940‐2020』。

(28)同上、第九章。

(29)槇文彦「新国立競技場案を神宮外苑の歴史的文脈の中で考える」、槇文彦・大野秀敏編『新国立競技場、何が問題か――オリンピックの一七日間と神宮の杜の一〇〇年』平凡社、二〇一四年、一五‐三八ページ。

(30)ラグビーワールドカップ2019日本大会成功議員連盟「国立霞ヶ丘競技場の八万人規模ナショナルスタ

ジアムへの再整備等に向けて」、二〇一一年。この決議には国立競技場を改修するのか、新築するのかの記載はない。

(31)外苑の開発計画がオリンピックを錦の御旗にした国策として、一部の政治家によって仕立てられていった経緯は後藤逸郎『オリンピック・マネー――誰も知らない東京五輪の裏側』(文藝春秋、二〇二〇年)に詳しい。この一連の流れは第六章で論じるスポーツ界の覇権争いと連動している。

(32)六四年大会で移住を迫られた人びとが住む都営住宅の取り壊しが行われていて、再度移住を迫られることに対して批判が向けられてきた。

(33)『朝日新聞』二〇一六年八月二六日付。

(34)三井不動産、明治神宮、JSC、伊藤忠商事などを事業主として計画されている。特定の名称が未だなく、仮称で「神宮外苑地区市街地再開発事業」と名付けられている。

(35)『朝日新聞』二〇二二年一月一六日付。

(36)『朝日新聞』二〇一九年七月二五日付。

(37)晴海地区将来ビジョン検討委員会『晴海地区将来ビジョン 中間取りまとめ(案)』二〇一四年五月。

(38)町村、前掲「オリンピックで見上げた空はなぜ青かったのか」一五〇‐一七一ページ。

(39)町村、前掲『都市に聴け』第三章、及び第六章。

第三章　東京オリンピックと震災復興

延期が決まった東京大会は招致から準備段階にかけて掲げられたのとは別の目標を含み込む様相を見せ始めている。すなわち、「人類が新型コロナに打ち勝った証」としての大会開催である。ここには二〇二〇年の大会開催とともに検証されるはずだった大きな物語＝「震災復興」が欠落してしまっている。本章では東京大会に託されてきた震災復興というメッセージが、どのように生み出され、大会開催を迎えようとしていたのかについて振り返りながら、延期によってそれがどのように消え去ったのかについて見ていきたい。

大会招致への道のり

二〇一六年に開催される第三一回オリンピックの招致に失敗した東京都は、二〇二〇年大会への再招致を目指して再び活動を開始した。国内外に正式な立候補を宣言する機会として選ばれたのが、二〇一一年に行われたスポーツ界におけるある重要なイベントだった。一九一二年のストックホルム大会へ日本が初参加するにあたって、嘉納治五郎が設立した大日本体育協会の創立が一九一一年、二〇一一年はその一〇〇周年にあたり、IOC会長のジャック・ロゲ（当時）が招待され、シンポジウムと記念式典が催されることになっていた。ちなみに、国内四ケ所で一年をかけて開催されたシンポジウムの登壇者には、現IOC委員でJOC会長の山下泰裕、現組織委員会会長の橋本聖子の姿があり、最後の司会を務めたのは前組織委員会会長の森喜朗（当時は日本体育協会会長、二〇二一年二月に組織委員会会長を辞任）であった。二〇一一年七月一六日に予定されていた記念式典は、日本体育協会とJOCの共催で、大日本体育協会の血筋を分けた二つの組織が一〇〇年を振り返り、これからの未来に一歩を踏み出す場と位置づけられていた。

天皇臨席の下、IOC会長の前で行われる予定だったオリンピック再招致の宣言という、スポーツ界にとって千載一遇のイベントは、三月に起きた未曾有の災害、東日本大震災によってその目論見を変更せざるを得なくなっていた。三月一一日に発生したマグニチュード九・〇の大地震は地震の被害のみならず、沿岸部へ津波による壊滅的なダメージをもたらし、電源喪失を起こした福島第一原発の爆発という取り返しのつかない大事故を引き起こした。そこからわずか四ヶ月しか経過していないにもかかわらず、オリンピックの再招致を掲げることに対して、人びとの理解を得ることは難しかった。

オリンピックどころではなかった二〇一一年当時、招致のために作られた委員会が掲げたのが「復興オリンピック」というテーマだった。復興とオリンピックがなぜ結びつくのか、現在では疑念を持たれる両者の関係は、震災直後の東京がオリンピック招致に向かう大義名分として必要なものだったのである。では、そこまでして実現に漕ぎ着ける必要があったオリンピック開催の理念や目的とは何だったのだろうか。

東日本大震災の翌月、四月一〇日に投開票された都知事選挙において四選を果たした石原慎太郎は、その所信表明で「次代を担う若者に夢と希望を贈るためにも、日本開催を目指すたいまつを消さずにともし続けることは、我が国の将来にとって大きな意義があると思います」として、オリンピック招致に向けた再立候補の意思表明を行った。ところが、翌二〇一二年一〇月には都知事の座から降りていることからもわかるように、石原自身は招致への熱意を失っていたと言われる。その八年後、「俺が言い出したんじゃない」と責任逃れのコメントを発することになる(1)。

では誰がオリンピックを望んだのか。二〇二〇年の東京大会招致に向けては、前回の招致から関わってきた政財界やスポーツ関連企業の関係者、スポーツ界の思惑が反映されていることは疑いないが、日本国内の低調な支持率もあって、強力な推進主体は姿を現していない。それが理念なきオリンピックと呼ばれ続けてきたこの大会の本質を示してもいる。二〇一二年のロンドンオリンピックがイースト・ロンドンの再開発を掲げ、レガシー(遺産)を生み出すと宣言して招致を勝ち取ったように、開発への期待すら十分には見えてこない。この大会は始めから、向かうべき方向が定まっていなかったのである。

消された「復興五輪」

図1は、オリンピック招致の表明以後、テーマに掲げられた「復興オリンピック(震災オリンピック)」が新聞紙上でどれほど語られたのかについて、朝日新聞のデータ検索サ

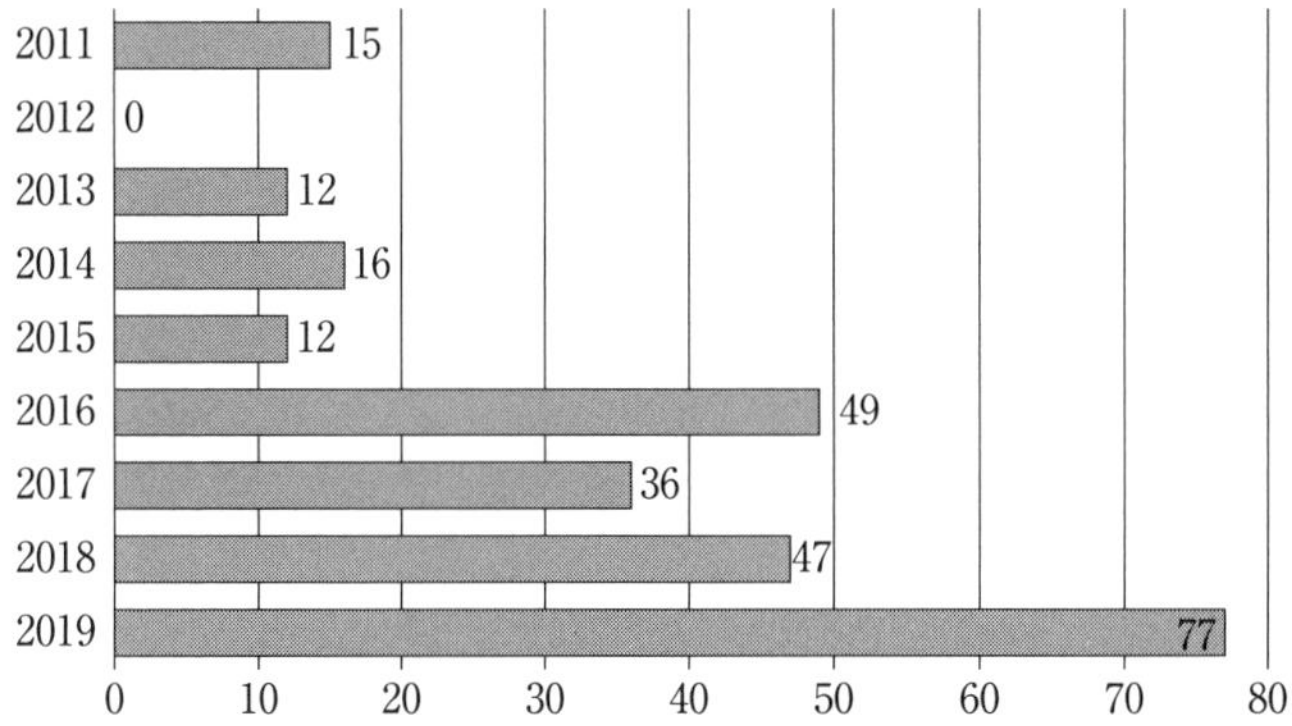

図１　「復興五輪」（震災五輪）の語られた数
注：朝日新聞「聞蔵Ⅱビジュアル」を用いて、「復興オリンピック（五輪）」／「震災オリンピック（五輪）」の記事数を検索して作成。

イト「聞蔵Ⅱビジュアル」を用いて、「復興オリンピック（五輪）」と「震災オリンピック（五輪）」の記事数を検索した結果である。二〇一一年に一五回報道されたこれらの言葉は、意外にも二〇一二年には一度も登場しない。収束不可能な福島第一原発の存在と、そこから放出され続ける放射能物質が重大な社会問題であり続けたことから、オリンピック招致に震災や復興を掲げることが、これらのネガティブな要因への接近を意味することになり、東京での開催を懸念するＩＯＣ委員に対して不利になると判断されたからである。このことは、立候補の第一段階でＩＯＣに提出した申請ファイルに記載された復興の文字が、立候補ファイルで消去されたことからも確認できる。申請ファイルでは以下のように開催目的が語られていた。

私たちはスポーツの力を信じている。夢、希望、目標、前向きな変化を生み出せる力を信じている。……スポーツ界の強い熱意と被災地の支持を得て、東京は二〇二〇年オリンピック・パラリンピック競技大会の招致を決意した。大会を開催することは、復興を目指す私たちにとって、明確な目標と団結をもたらし、支援を寄せてくれた全世界の人々への感謝を示す機会となる。大会の開催は、スポーツの持つ大きな力が、いかに困難に直面した人々を励まし、勇気づけるかということを世界の人々に示すことになるだろう。(2)

しかしながら、二〇一三年九月のＩＯＣ総会で行われる最終選考を目前にして、開催地の座を激しく争っていたイスタンブールやマドリードに対して、東京で二度目の開催を行うことの理念や意義の希薄さが指摘されていた。そこで、東京大会の招致の正当性を示す言葉として、再び復興という言葉が浮上したのである。それでも復興を掲げることは諸刃の剣であった。ＩＯＣ総会で福島原発事故の影響を問われた竹田恆和ＪＯＣ会長（当時）

は、「東京は福島と二五〇キロ離れている」と言い放ち、最終プレゼンに登場した安倍晋三首相は原発事故が管理下にあるといった虚偽の発言、いわゆる「アンダーコントロール」発言を行った。

Some may have concerns about Fukushima. Let me assure you, the situation is under control. It has never done and will never do any damage to Tokyo.（フクシマについて、お案じの向きには、私から保証をいたします。状況は、統御されています。東京には、いかなる悪影響にしろ、これまで及ぼしたことはなく、今後とも、及ぼすことはありません。(3)）

改めて解説するまでもなく、原発事故が収束しているわけではなく、状況は制御などされていない。事態は全く逆で、溶融した核燃料は取り出すことなどできず、未だに冷却水を注ぎ続けるしか手立てがない。その汚染水（処理水と呼び替えられる）が行き場を失ったことで、政府は二〇二一年四月に海洋放出を決定する判断を行った。オリンピックを呼び込むためには必要な方便だったという解説も時折耳にするが、そうであるならばなおさら、こうして引き寄せたオリンピックとは何のためなのか、今一度考えておかなければならない。

政府や組織委員会は二〇二〇年七月の大会開催に向けて、聖火リレーをはじめとする復興イベントを大々的に展開する予定であった。その先駆けとして、JR常磐線の全線開通を視察するため、三月七日に福島を訪れた安倍は、今でも第一原発は「アンダーコントロール」だと考えるかとの記者からの問いかけに、「色々な報道がございました。間違った報道もあった。その中で正確な発信を致しました。そしてその上においてオリンピックの誘致が決まったものと思います」と答えた(4)。首相の認識は未だに改まっていないことを端的にあらわすやりとりである。

復興とオリンピックはどのように論じられてきたのか

オリンピックと復興という、一見して全く関係のない両者がどうしてつなぎ合わされたのかはすでに述べた。では、この両者がどのように論じられてきたのか、あるいはどのように論じなければならないのかについてみていくことにしよう。復興に対する感じ方は被災の有無や状況、被災地との距離、そして時間を経ることによって、人それぞれに変化する。震災が起こった二〇一一年の段階で、オリンピックを現実的な課題として受け入れられた人はほとんどいないだろう。後に見る「スポーツのチカラ」という言葉は、このような状況において、スポーツ界からの一種の弁解＝エクスキューズとして機能するものとして生み出された。

オリンピック招致に向けた立候補について、こんな時にスポーツの祭典を開いている場合か、被災者の人たちのことを考えているのか、復興を妨げるのではないか、という批判を当時私たちはよく耳にした。少しずつ時間が経過していくに従い、私たちはオリンピック開催に向かって引き起こされる喧噪に巻き込まれ、その事象をめぐる論争に加わるようになったが、次第に復興について考えることをしなくなっていった。そこには社会学者の今井信雄が論じたような、震災に対する記憶の風化をめぐる問題が横たわる。(5)

一方で、復興について言及される場合でも、復興すらできていないのにオリンピックを開催することなど間違っている、というように、オリンピック批判の文脈で復興はしばしば語られてきた。そもそも復興と一口に言っても、東北の被災三県においてもそれぞれ状況は異なる。特に原発事故を抱えた福島は未だに帰還困難区域に指定されている場所もあり、復興の見通しなど立てられない地域もある。それがオリンピック批判の文脈では被災地と一つにまとめられ、東京と対置させられている。また、東日本大震災と原発事故からの復興政策はそもそも失敗に終わっていたという社会学者の山下祐介の指摘を考え合わせると、オリンピックだけに批判を背負わせることは公平ではない(6)。

当然のことだが、達成の手段については意見が分かれるにしても、復興を成し遂げることに反対する人はいないだろう。一方で、オリンピックとの関係性を問われたとき、復興への思いはさまざまに交錯する。後述するように、オリンピックが復興に何らかの役に立つとする人から、あまり役に立たないとする人、逆に復興の邪魔をする存在であるとする人もいる。また、ここにはオリンピック開催への賛否が絡んでくる。これ自体も複雑で、賛成の人にはオリンピック開催を手放しで喜ぶ人から、賛成ではあるものの、さまざまに生じる問題を憂慮している人がいる。一方で、反対の人にはオリンピックそのものは否定しないし、見るのも好きだが、東京、日本で開催するのには反対という人もいれば、そもそもオリンピックの存在自体が不必要、悪だという人もいる(7)。

NHK放送文化研究所の調査（「東京オリンピック・パラリンピックに関する世論調査」）が明らかにしているように、東京大会に対しては、開催三年前の時点ですでに八割の人が関心を持っている状況であった(8)。いくつかの向き合い方、感じ方がある中で、私たちは「オリンピックに賛成か、反対か」のような、大雑把な二分法で議論をしてしまいがちだ。そのことが消去してしまう問いがあり、復興問題もその一つである。典型的なものに経費問題がある。オリンピック経費を判断材料にして無駄か否か、という単純な二分法的思考によって裁断すると、批判のために事象を簡略化して論じる傾向が出てしまい、そこに見落としが生じる。例えば、オリンピックが無駄であるとしか語らない主張は、招致とともに呼び込もうとしている開発の論理や復興との関係はどのようなものなのか、経費がどのようなものに使われているのか／いくべきかの検証や議論、オリンピックと都市／地方の関係を取り巻く構造そのものについて考察する問いなどを消去してしまう。もちろん、こう書いたからといって、招致プランに掲げられていた開催費用が膨張していることは紛れもない事実であるし、オリンピックに日本の命運を託したかのような構造が築かれてしまっていることには批判的であらねばならない。現在の私たちが目にしているように、それがコロナ禍においては取り返しのつかない事態を招いている。

同じように、復興問題をオリンピックの賛否にからめると、多くのことが見えなくなる。二〇二〇年を迎えたとき、東京に住まう人、東日本大震災で被災しなかった人たちの多くにとっては、すでに復興をめぐる問題は身近なものではなくなっている。そもそもオリンピック批判に都合良く顔を出す復興とは、何をもってそう呼ぶのかが不明確なまま展開される概念であり、いまだに首相の「アンダーコントロール」発言が引き合いに出される批判からは、復興の進み具合、課題が見えてこない。

そこで、次のような問いを立ててみたい。オリンピックがなければ復興は加速したのかと。山下が指摘するように、復興費の多寡が問題なのではなく、復興に対するアプローチ＝方法論が間違っていたとすると、(9) オリンピックの有無はさほど関係ないことになる。もちろん、人やモノ（資材）が東京大会の準備に動員されたことや資材の高騰によるマイナス効果は当然あるだろうが、復興予算の膨張によって、ある時期までは東北地方の復興需要が起きていたことを私たちは知っている。

経済学者の齊藤誠は、東日本大震災というネーミングのつけ方や、震災復興予算規模が過大なものになったことからみて、震災復興政策を大きく構えすぎたと指摘する。例えば、五年間の集中復興期間の予算は二六兆円、二〇二〇年度まで三二兆円がつぎ込まれることになるが、国民が納得する額を提示するという政治的な判断の前に、建物ストックの被害額（毀損額）をはるかに超える推計を導き出すなど、復興予算の規模は妥当性を欠いていたという。(10) 最適な復興水準どころか、震災前の水準さえ上回ってしまうことは、以後の建物賃料の支払いにおいて建築費用や更新費用をまかなうことができないことになり、結果として補助金支出に頼らざるを得なくなる。その結果、新築の建物であっても老朽化が急速に進む危険性を齊藤は問題にしている。復興予算がそれとは全く違う目的で使用されていることは度々問題になってきたが、それこそ本当の意味での無駄である。

復興とは何をもって語られるのかについては、不思議なことだがオリンピックと復興をめぐる議論にはついぞ登場しない。また、仮にオリンピック招致がなかったとして、私たちは満足のいく復興が成し遂げられたはず、と自信をもって言うことができるだろうか。そこにはオリンピックをわかりやすい批判の対象として祭り上げ、復興とは何かを問うことをやめるばかりではなく、復興に真摯に向き合わない、社会そのものに内在する問題を遮断して見えなくする働きがある。そもそも復興が進まない、あるいはそのことを考えられないのはオリンピックのせいではなく、私たちの社会の側に問題があるのではなかろうか。(11)

一方で、復興とオリンピックの結びつきを論じる議論が決定的に見落としている点がある。山下が論じるように、オリンピックは復興施策の姿をゆがめながら、最終的に大会の開催とともに復興を終わらせる存在になりうるということだ。(12)それはどういうことか。二〇二〇年の夏に向けて、多くの地域で避難指示解除が進むとみられていた。すなわち、大会の開催が復興を完了するゴールに設定され、避難元に戻った人びとに心からオリンピックを楽しんでもらう、そのような目標が与えられてしまったのである。その結果として、大会とともに復興は成し遂げられたと高らかに宣言されることになるのではないかと、山下は早くから指摘していた。(13) すなわち、オリンピックは復興の足を引っ張るだけではなく、復興そのものを終わらせる存在として使われる可能性があったのである。しかしながら、この状況は新型コロナウイルスの蔓延によって宙づりにされてしまった。復興を宣言する大会そのものが延期されてしまったからである。

復興と「スポーツのチカラ」

ところで、被災地の人びとにとってオリンピックと復興の関係性はどのように考えられているのだろうか。(14) 二〇一八年二月二四日から二五日にかけて、朝日新聞と福島放送が共同で福島県の住民(有権者)を対象に実施した世論調査(15)がある。「震災や原発事故から七年がたち、福島の復興への道筋がどの程度ついたと思いますか」という問いに対しては、大いについた(三%)、ある程度ついた(四二%)と肯定的に評価した人が四五%、あまりついていない（四四％）、全くついていない（八％）と否定的に評価した人が五二％となった。また、復興五輪が「被災地の復興にどの程度役に立つと思いますか」という問いに対しては、大いに役立つ（九％）、ある程度役に立つ（三四％）と肯定的に評価した人が四三％、あまり役に立たない（四一％）、全く役に立たない（一六％）と否定的に評価した人が五七％となった。内容までは明らかではないが、肯定的評価を与えている人が四割程度いることをここでは確認しておきたい。

もう一つのアンケート調査を示すと、ＮＨＫが二〇一八年一二月から二〇一九年一月にかけて、被災三県に行った『被災者アンケート』[16]がある。こちらのデータは被災者や避難者が対象となっている。「復興五輪の理念が実現される」（そう思う五・四％、ややそう思う一四・四％）、「被災地でも経済効果が期待できる」（そう思う三・八％、ややそう思う一一・五％）、「被災地への関心が高まる」（そう思う三・五％、ややそう思う一二・九％）、「被災地の復興を後押しする」（そう思う二・八％、ややそう思う一一・五％）といった問いに対して、肯定的な評価をしている人が少なく、批判的評価をしている人の割合はおおよそ五割を超えている。そのように否定的に感じる意見では、「復興五輪は誘致名目にすぎない」（五三・九％）、「経済効果に期待が持てない」（五一・六％）、「復興のための工事が遅れる」（五一・三％）などが上位に来ている（複数回答）。
ただ、一方で、「五輪の開催を楽しみにしている」という問いに対して、そう思う（一八・七％）、ややそう思う（一九・三％）と肯定的に評価した人の割合が三八％、あまりそう思わない（一四・一％）、そう思わない（一四・六％）と否定的に評価した人の割合が二八・七％と、現実的な効果に対する否定的な見解に比べ、大会自体には期待度が高いと言えそうである。共同通信が震災から一〇年が経過した二〇二一年三月に実施した被災三県の首長に対するアンケート調査によると、四二市町村長の七六％に当たる三二人が、政府が掲げる「復興五輪」に期待を寄せていることがわかっていて、(17)立場の違いも評価に現れている。

社会学者の水出幸輝の分析によると、メディア報道はオリンピックに対する否定的な見解、発言を被災地や福島などに代表させ、被災地以外に住む「われわれ」と「被災地・福島」という震災物語を紡ぎ出そうとしている。(18)毎年巡ってくる三月一一日という日、そして選挙の争点やオリンピックの進捗を伝える報道において、そのような定型化されたラベリングが行われ、私たちは知らず知らずのうちに、被災地を他者の問題として定型化して語ってしまっているのである。

また、オリンピックと復興との結びつきによって、震災以降にスポーツ界で生み出された言葉が「スポーツのチカラ」である。スポーツのプレーやスポーツ選手が被災で苦しむ人たちに勇気を与えることができるという含意をもち、最近では被災の状況を離れて、日常生活においても使われるようになった言葉だ。この言葉が生み出されるに至った背景を見ておこう。

震災後はいくつかのスポーツイベントが中止を余儀なくされ、あるいは開催されるにしても被災地への配慮を行った上で、規模を縮小するものがほとんどだった。そこには、こんな非常時にスポーツなどの娯楽をして楽しんでいるべきではない、という規範的な意識が働いている。いくつか事例を見ておこう。震災直後の三月二三日に開幕した選抜高等学校野球大会（春の甲子園野球、センバツ大会）は、開催／中止すべきかの議論が直前まで続けられたが、「がんばろう!! 日本」を掲げて開催された。

被災地の仙台に拠点を置く二つのプロチーム、サッカーのベガルタ仙台とプロ野球の東北楽天ゴールデンイーグルスの対応は分かれた。開幕を迎えていたサッカーJリーグは震災翌日の全試合を中止し、四月二三日まで延期措置をとった。ベガルタはホーム開幕戦を行うことができず、活動を停止した。この間主力となる外国人選手を契約解除するなど揺れ動いたが、選手たちは被災地でボランティア活動を行いながら練習を継続した。シーズンのベガルタの成績は前年の一四位から過去最高の四位に躍進した。

他方のプロ野球は開幕前で、オープン戦の中止が相次いだ。選手会は開幕延期を要請し、セ・リーグは開幕予定を四日後の三月二九日に延期としたが、仙台を拠点とする楽天を含むパ・リーグは四月一二日に延期と決めた。その後、電気不足が社会の懸念事項となる中、セ・リーグの早すぎる開幕は批判を受けることになる。結局セ・パ両リーグとも開幕は四月一二日と決められたが、四月中はナイター試合を自粛することになった。楽天は球団創設後初めて本拠地での開幕戦を予定していたが、球場が損壊し使用不能となったため、関西で開幕を迎えた。震災時に楽天は遠征中であったため地元に戻ることができず、そのまま遠征を続けたチームが仙台に戻ったのは四月七日であった。楽天のシーズン成績は、前年の六位から順位を一つあげて五位だった。

また、女子サッカー・チームのTEPCOマリーゼは、二〇〇四年に東京電力に移管された後、二〇〇五年から福島県楢葉町及び広野町にまたがるJヴィレッジに拠点を置いたチームとしてなでしこリーグに所属してきた。マリーゼは福島第一原発事故の影響によって活動自粛に追い込まれ、その後休部となり事実上解散した。なお、選手の大半はベガルタ仙台レディースに移籍し、活動を継続している。

震災とスポーツのつながりが強調される事態は今回に始まったことではない。一九九五年に発生した阪神・淡路大震災のときには、神戸に拠点を置くオリックス・ブルーウェーブ（現在のオリックス・バファローズ）が「頑張ろうＫＯＢＥ」を掲げて躍進し、リーグ優勝を果たすと、翌年には日本一になり、優勝への願いを復興の足取りに重ねる言説がメディアで紡がれた。スポーツ社会学者の高橋豪仁は、被災者がオリックスの活躍に勇気づけられたという語りは、メディアの報道を通して被災を経験した人びとの集合的記憶（モーリス・アルヴァックス）を形成したと指摘している。[19] 一方で、高橋はオリックスの優勝と被災地の復興は関係ないとする被災者の語り（のズレ）を紹介しているが、ここには復興とスポーツをつなぐ物語が過剰に生産されてしまう問題が垣間見える。例えば、東日本大震災のケースでは、いち早く被災地支援に駆けつけたベガルタが苦難をものともせず躍進したのに対して、被災地への帰還が遅れた楽天の成績が振るわなかったといった語りや、「がんばろう東北」を合い言葉に、被災地を勇気づけたという語りが見られた。

東日本大震災において、「スポーツのチカラ」という言葉が意識的に語られ、震災とスポーツ界の関係性を強力に結びつけたのが女子サッカーの日本代表「なでしこジャパン」

の活躍である。なでしこは、震災からわずか四ヶ月後の二〇一一年七月一七日に、ドイツで行われた女子サッカーのW杯（FIFA・女子W杯）の決勝戦において、アメリカを破り初優勝を遂げた。この快進撃とともに、被災で打ちひしがれる日本の人びとを勇気づける言葉として「スポーツのチカラ」は生み出され、使われていったと言ってもよいだろう。なでしこは、これまで圧倒的な力の差を見せつけられてきたアメリカチームに対して、粘り強く闘ってPK戦に持ちこみ、初めての優勝を勝ち取ったのである。この日は、奇しくもオリンピック招致への再挑戦が宣言された日本のスポーツ一〇〇周年記念式典の翌日、七月一七日の出来事だった。

明るい話題すら口にできない当時の日本にあって、連日のなでしこの活躍はそこから気をそらす存在であったと言える。なでしこは次第に震災と結びつけられる存在になっていった。[20] 例えば、準々決勝を前にした試合前のミーティングで、選手たちは東日本大震災の映像を見、佐々木則夫監督が「私たちのプレーが被災者の方のパワーにつながる。苦しい時は被災者の方のことを思って頑張れ」と言葉をかけたというエピソードが、被災地出身選手への注目とともに語られていった。[21] この試合の決勝点をあげた丸山桂里奈は二〇〇九年までTEPCOマリーゼに所属した選手であり、被災地との関係を強調される格好の存在であった。初優勝したなでしこは被災地から勇気をもらい、被災地に勇気をもたらした存在として賞賛され、国民栄誉賞を授与されることになった。ちなみに、このことを決めた首相の菅直人（当時）は、日本のスポーツ一〇〇周年を祝う記念式典を欠席したことからもわかるように、スポーツ界に特段の思い入れがあるわけではなく、なでしこ人気にあやかった政治的パフォーマンスであると考えてよいだろう。なお、なでしこのメンバーと佐々木監督は復興を象徴する存在として、二〇二一年三月二五日に開始された聖火リレーでは、Jヴィレッジからの第一走者として聖火をつないでいる。

このようにしてつくられた「スポーツのチカラ」は、さまざまな事象に適用されていく。例えば、選手が被災地を訪れて炊き出しやスポーツ指導をしたり、チャリティマッチなどを通じて募金や物的支援をしたりすることなどが被災者を勇気づけるものとして語られるようになった。しかしながら、スポーツ社会学者の吉田毅が指摘するように、それはあくまでもスポーツに特有な価値ではなく、ましてや震災直後の壊滅的な状況においては機能する余地をほとんど持っていなかったのである(22)。

このことを実感できる出来事が二〇一九年に起こっている。オリンピックからは離れるが、この年はラグビー・ワールドカップの日本代表の活躍に日本中が沸いた年であった。

予選プールの最終戦、決勝トーナメント進出をかけたスコットランド戦の前日に、台風一九号が試合会場のある関東を襲った。この台風によって各地で河川の氾濫による浸水や住宅の全半壊など甚大な被害がもたらされた。横浜で行われる予定の試合は開催が危ぶまれたものの、九時間前に開催が決定し、予選プール最多の六万七六六六人が詰めかけた。ここでも「スポーツのチカラ」が語られ、被災した人に元気を取り戻してもらいたいという発言が選手から相次いだ。もちろん選手の立場からはこのように発言し、試合が決まれば全力でプレーする以外にはない。ところが、被災した人からすれば、テレビを見ることはかなわず、生きるか死ぬかの瀬戸際に追い込まれていた人も多くいただろう。つまり、ここで語られた「スポーツのチカラ」はあくまでも、自然災害の被災地、被災者に対して、被災していない側がこの状況下でスポーツを行うためのエクスキューズとして機能する言葉になっている。ここには政治社会学者の栗原彬が指摘するような、被災地と被災地以外の場所に存在する分断線が垣間見える。[23] このことは、ウイルスの蔓延で社会全体の生活がままならなくなった二〇二〇年の春以降、Jリーグやプロ野球、甲子園野球センバツ大会までもが開催できない状況に置かれる中で、「スポーツのチカラ」という言葉が全く語られていないことからも明らかだろう。

もちろん、なでしこの活躍のように、時間を経て多少なりとも余裕が出てきた、あるいは被災状況から精神的に離れたい被災者に対しては、勇気づけたり、安らぎを提供したりすることは十分考えられる。すなわち、「スポーツのチカラ」が機能するためには、栗原が「復興というならば、まずは人間の復興、生活の復興が先」と述べているように[24]、日常生活の回復が必要なのである。

また、ジャーナリストの森田浩之は被災地と日本（人らしさ）を結びつける「絆」という甘美な言葉の登場を警戒する[25]。先に示したなでしこの活躍と被災地の接合は、過剰な物語を供給するメディアとスポーツ、そしてそのことによって安心感を得たいとする人びとの共犯関係によってつくられていた。絆に代表される一体感を演出する言葉は、被災地の実情を見えなくし、被災地と非・被災地の間に横たわる分断を覆い隠すことに加担しているのではないかと森田は問う。

東京大会は始めから、そのビジョンの一つに「全員が自己ベスト」という言葉を掲げて批判を受けていた。すでに見てきたように、オリンピックにはさまざまな賛否や向き合い方が存在する。それらをひとまとめにして、オリンピックを成功に導くために全員が自己ベストを尽くす（べきという言葉が隠れている）という標語に違和感が表明されていたのである。加えて、いよいよ開催が秒読みに入った二〇二〇年、ＪＯＣが「頑張れ！　ニッポン！　全員団結プロジェクト」を展開し始めた。ＪＯＣのサイトによると、全員団結プロジェクトは「日本中が心をひとつに、東京二〇二〇オリンピック日本代表選手団を全力で応援するためのアクション」[26]であることが示されている。そのサイトには「オリンピックに向けて、国民が全員団結し、アスリートを応援していくためのページ」とまで記されていて、オリンピックの開催が国民全体の問題と同義にされてしまっているのである。

このように、国民に絆や団結をうながすナショナリズム的な側面は、オリンピックのようなメガイベントにはいつも顔をのぞかせる。スポーツ・ナショナリズムについて論じる第五章で指摘するように、スポーツは熱狂を生み出し、その存在意義を高めるツールとしてナショナリズムを必要とし、ネイションもまた国民をまとめるツールとして、ナショナリズムを喚起するスポーツを必要とする関係にある[27]。ナショナリズムが生み出すネガティブな側面に抗いながら、オリンピックについて思考することを続けていかなければならない。

東京大会は何を見せようとしているのか

最後に、復興オリンピックをうたった東京大会は、どのような大会となるよう準備されてきたのだろうか。すでに見てきたように、ウイルスの影響によっていくつかのイベントが中止に追い込まれているが、その決定には多くの時間を要し混乱が引き起こされてきた。組織委員会は、大会を通じて生み出されたレガシー（遺産）を未来へと向けるための取り組みとして、「アクション&レガシープラン」を進めている。この「アクション&レガシープラン」は五本の柱から構成されていて、その中の一つに「復興・オールジャパン・世界への発信」がある。これを見ると、彼らが考えている復興とオリンピックの関係性がわかる。ここで展開されているものをいくつか列挙すると、ホストタウンの推進、事前キャンプ誘致の推進、スポーツの力で被災地に元気を届け復興へ歩む姿を世界に発信すること、スポーツによる被災地支援事業の実施と障害者スポーツを通じた交流、復興へと歩む被災地の姿を継続的に映像で世界に発信すること、海外メディア対象の被災地取材ツアーの実施、早期復興に向けて被災地を支援するためのアートプログラムの実施、都立高校の被災地訪問、復興支援ボランティア、スポーツイベント等の開催、競技会場の改修・

整備、そして聖火リレーの実施などである。また、復興イベントとして、さまざまなアスリートが被災地に足を運んでいる。

加えて、復興オリンピックの柱とされたのが被災地での競技種目の開催で、野球・ソフトボールが福島県の福島あづま球場で、サッカーが宮城県の宮城スタジアムで行われることになっていた。すべての競技に先駆けて、二〇〇八年北京大会を最後にオリンピックの正式種目から外された野球・ソフトボール競技の開幕戦が二〇二〇年七月二二日に行われる予定だったのである。なお、野球・ソフトボールは今回限りの正式種目復帰となり、二〇二四年パリ大会では再び除外されることが決まっている。

もう一つ、復興オリンピックの目玉として準備されていたのが聖火リレーである。聖火リレーを「震災復興の象徴」とするべく、被災地をスタートして全国を巡る計画が立てられていた。二〇二〇年三月二〇日に聖火リレーが到着したのが航空自衛隊松島基地である。平和の象徴でもある聖火が、自衛隊基地に到着し、それを大々的にアピールするというのは異例のことであろう。日米安保闘争の余波が残る中、一九六四年の東京大会は自衛隊がさまざまなかたちでかかわり、その存在をアピールする格好の場とされた(28)。開会式でブルーインパスが国立競技場の空に描いた五輪のマークは、今でもこの大会を物語る象徴的な場面である。

松島基地は第四航空団「第一一飛行隊」（通称、ブルーインパルス）が配備された基地で、一九六四年大会との関係性を強調する意図があった。ちなみに、ブルーインパルスは一九九八年長野オリンピックでもパフォーマンスを披露している。松島基地は東日本大震災の時に津波によって甚大な被害を受けたが、ブルーインパルスはこのとき福岡県に展開していて被災を免れた。東京オリンピックと被災、これらいくつかの関係性をつなぎながら、聖火は松島基地に到着した。この日は寒気団の影響で強風が吹き荒れる中、五六年ぶりに上空に描かれた五輪のマークは、早々にかき消されてしまった。

その後「復興の火」として三月二〇日から二五日まで被災三県で展示された後、聖火はJヴィレッジからリレーされる予定になっていた（グランドスタート）。この時すでに、ウイルスの世界的蔓延が止めようもなく、オリンピック開催に邁進する東京都や政府への批判が高まりを見せていたこと、聖火を見ようと多くの人たちが感染リスクを冒して集まってしまったことなどを受け、ＩＯＣのトーマス・バッハ会長と安倍首相らの会談によって、大会と聖火リレーイベントの延期が決まった。

二〇二〇年には幻となってしまった聖火リレーは、どのようにスタートを切る予定だったのだろうか。Ｊヴィレッジといえば、震災前はサッカー日本代表の合宿拠点であり、一九九七年七月に日本初のサッカーのナショナル・トレーニングセンターに指定された場所である。天然芝八面、人工芝二面を備え、サッカーの国内強化拠点となってきたこの施設は、東京電力が地域振興を目的として整備し、県に寄付したものだ。

東日本大震災では、Ｊヴィレッジからわずか二〇キロメートルの距離で稼働していた東京電力福島第一原子力発電所が爆発事故を起こした。東京電力の福島復興本社が置かれることになったＪヴィレッジは、サッカーの拠点から一転して原発の収束拠点として位置づけられていくことになる。事故を境にして、Ｊヴィレッジの写真を見比べてみると、芝が映える緑の施設から、駐車場に変わった灰色の施設へと転じたことが象徴的に映る。

先行きの見えない、廃炉に向けたロードマップが構築される中で、東京電力が原状復帰するかたちでＪヴィレッジは二〇一八年に一部営業を再開、二〇一九年四月から全面営業を再開した。ホームページには「福島復興のシンボルへ」と題し、「スポーツのチカラ」で復興を実現するというメッセージが表記されている。しかしながら、合宿などの宿泊者を近隣で支えてきた宿泊施設のネットワークは崩れてしまっており、再び元のような拠点に戻すことは簡単ではない。加えて、原発事故の収束拠点となっていたことからもわかるように、放射能による影響が解消されたわけではない。今もホームページには放射線量が表示されているように、モニタリングを続けながらの活動再開となっている。

二〇一九年一〇月にグリーンピース・ジャパンが行った放射線量の測定では、地表面接触で毎時七一マイクロシーベルト（トレーニングセンター付近の駐車場）、高さ一メートルで一・七マイクロシーベルトにものぼる高い放射線量、いわゆるホットスポットの観測が報告されている（除染の目安は毎時〇・二三マイクロシーベルト）。同時期のJヴィレッジのホームページには、正面玄関が〇・一一一マイクロシーベルト、二番フィールドで〇・〇八五マイクロシーベルトと表示されていて大きな開きがある。グリーンピース・ジャパンはオリパラ会場の即時、かつ広範囲の放射線調査の実施と汚染除去を訴えた。福島県は聖火リレーのコースと沿道の空間放射線量を測定する措置をとったが、そのうち一部で除染目安を超えたものの、開催には問題ないとして追加の除染は行わなかった。その後の報道では、東京電力がこの施設を返還するとき除染を行わなかったことが判明している。(29)

このような先行き不透明な場所が復興の象徴として、聖火リレーのスタート地点になっていたことをどのように考えれば良いだろうか。被災地の問題を考える上で、原発との関係性は特別な問題をはらむ。社会学者の開沼博が書いているように、Jヴィレッジは東京電力が原発推進を図り、原発をムラの文化としてブランド化するための、いわば「プレゼント」として地元に作られた施設である。(30) サッカーの日本代表が訪れ、合宿や練習を行い、それを見に来る人たちの活気が一時的に生み出される、そのような中央からの文化を再現するメディアとしてこの施設は存在した。ここにはその恩恵に依存し、サッカー界の拠点として位置づけてきたスポーツ界と、原発を支えてきた社会的な構造との協働関係を読み取らなければならない。すでに見たように、なでしこジャパンの躍進で注目を浴びた丸山が所属していたTEPCOマリーゼは、この地に拠点を置くチームでもあった。なお、聖火リレーの第一走者になるなるはずだった川澄奈穂美（なでしこジャパン）は、このイベントが中止になる前にウイルスの影響から辞退を申し出て話題となった。

復興の象徴として位置づけられたこの地は、原発事故の被害を受けた地としてだけではなく、原発推進に利用された拠点の一つとして、そして、未だに原発事故の収束がままならない避難区域に隣接する場所としてそこにある。復興を考えるには、原発を推進してきた社会的構造や原発に依存した地域社会のあり方にも考察を加えなければならないだろう。(31)
福島県広野町と楢葉町にまたがるJヴィレッジのある双葉郡は、大熊町、双葉町に福島第一原発、楢葉町、富岡町に福島第二原発、そして広野町に広野火力発電所が立地する、い

人文書院
刊行案内

2024,8

鴨川鼠（深川鼠）色

ザッハー＝マゾッホ集成全三巻

ザッハー＝マゾッホ 著
平野嘉彦／中澤英雄／西成彦 訳

各巻￥11000

Ⅰ エロス

習俗を巧みに取り込んだストーリーテラーとしてのマゾッホの筆がさえる。本邦初訳の完全版「毛皮のヴィーナス」、「コロメアのドンジュアン」ほか全4作品を収録。

Ⅱ フォークロア

ドイツ人、ポーランド人、ルーシ人、ユダヤ人が混在する土地。民族間の貧富の格差をめぐる対立。複数の言語、ガリツィアの雄大な自然描写、風土、民族、習俗、信仰を豊かに伝えるフォークロア的作品。「ハイダマク」ほか全4作品を収録。

Ⅲ カルト

あるいは「草原のメシアニズム」、あるいは「農本共産主義」（ドゥルーズ）を具現する、ロシア正教の異端宗派、ユダヤ教の二つの宗派など、さまざまなカルトが蟠居する東欧のスラヴ世界。マゾッホの宗教観を如実に語る「漂泊者」ほか、5編の小説および2編の論考を収録。

◎内容見本進呈

お問い合わせフォームにて送り先をお知らせください。お一人様1部までお送りします。

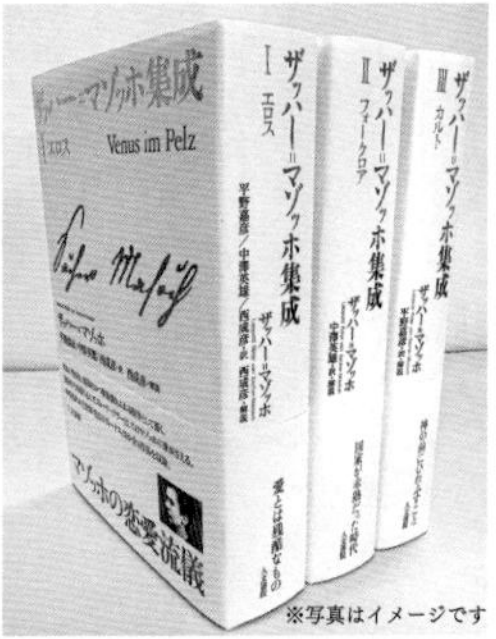

※写真はイメージです

詳しい内容や収録作品等の情報は以下のQRコードからどうぞ！

■小社に直接ご注文下さる場合は、小社ホームページのカート機能にて直接注文が可能です。カート機能を使用した注文の仕方は**右のQRコード**から。

■表示は税込み価格です。

人文書院
〒612-8447 京都市伏見区竹田西内畑町９
TEL075-603-1344／FAX075-603-1814
編集部 Twitter(X):@jimbunshoin
営業部 Twitter (X) :@jimbunshoin_
mail:jmsb@jimbunshoin.co.jp

新刊一覧

セクシュアリティの性売買

キャスリン・バリー 著
井上太一 訳

搾取と暴力にまみれた性売買の実態を国際規模の調査で明らかにし、その背後にあるメカニズムを父権的権力の問題として理論的に抉り出した、ラディカル・フェミニズムの名著。

¥5500

人種の母胎

性と植民地問題からみるフランスにおけるナシオンの系譜

エルザ・ドルラン 著
ファヨル入江容子 訳

性的差異の概念化が、いかにして植民地における人種化の理論的な鋳型となり、支配を継続させる根本原理へと変貌をしたのか、その歴史を鋭く抉り出す。

¥5500

戦後期渡米芸能人のメディア史

ナンシー梅木とその時代

大場吾郎 著

日本とアメリカにおいて音楽、映画、舞台、テレビなど活躍し、日本人女優で初のアカデミー受賞者となったナンシー梅木の知られざる生涯を初めて丹念に描き出す労作。

¥5280

翻訳とパラテクスト

ユングマン、アイスネル、クンデラ

阿部賢一 著

文化資本が異なる言語間の翻訳をめぐる葛藤とは? ボヘミアにおける文芸翻訳の様相を翻訳研究の観点から明らかにする。

¥4950

マリア＝テレジア 上・下

「国母」の素顔

B・シュトルベルク＝リーリンガー 著
山下泰生／伊藤惟／根本峻瑠 訳

「ハプスブルクの女帝」として、フェミニズム研究の範疇からも除外されていたマリア＝テレジア、その知られざる実像を解き明かす、第一人者による圧巻の評伝。

各¥8250

戦後期渡米芸能人のメディア史

ナンシー梅木とその時代

大場吾郎 著

日本とアメリカにおいて音楽、映画、舞台、テレビなど活躍し、日本人女優で初のアカデミー受賞者となったナンシー梅木の知られざる生涯を初めて丹念に描き出す労作。

¥5280

読書装置と知のメディア史

近代の書物をめぐる実践

新藤雄介 著

書物をめぐる様々な行為と、これまで周縁化されてきた読書装置との関係を分析し、書物と人々の歴史に新たな視座を与える力作。

¥4950

ゾンビの美学

植民地主義・ジェンダー・ポストヒューマン

福田安佐子 著

ゾンビの歴史を通覧し、おもに植民地主義、ジェンダー、ポストヒューマニズムの視点から重要作に映るものを仔細に分析する力作。

¥4950

新刊一覧

イスラーム・デジタル人文学

須永恵美子 編著
熊倉和歌子 編著

デジタル化により、新たな局面を迎えるイスラーム社会。イスラーム研究をデジタル人文学で捉え直す、気鋭研究者らによる最新の成果。

¥3520

ディスレクシア

マーガレット・J・スノウリング 著
関あゆみ 監訳
屋代通子 訳

ディスレクシア（発達性読み書き障害）に関わる生物学的、認知的、環境的要因とは何か？　ディスレクシアを正しく理解し、改善するための効果的な支援への出発点を示す。

¥2860

シェリング以後の自然哲学

イアン・ハミルトン・グラント 著
浅沼光樹 訳

シェリングを現代哲学の最前線に呼び込み、時に大胆に時に繊細に対決させ、革新的な読解へと導く。カント主義批判により思弁的実在論の始原ともなった重要作。

¥6600

一つの惑星、多数の世界

ドイツ観念論についての試論

ディペシュ・チャクラバルティ 著
篠原雅武 訳

人文科学研究の立場から人新世の議論を牽引する著者が、ラトゥール、ハラウェイ、デ・カストロなどとの対話的関係のなかで示す、新たな思想の結晶。

¥2970

近代日本の身体統制

宝塚歌劇・東宝レヴュー・ヌード

垣沼絢子 著

戦前から戦後にかけて西洋近代社会、民主主義国家の象徴とみなされた宝塚・東宝レヴューを概観し、西洋近代化する日本社会の身体感覚の変貌に迫る。

¥4950

福澤諭吉

幻の国・日本の創生

池田浩士 著

福澤諭吉の思想と実践――それは、社会と人間をどこへ導いたか？　福澤諭吉のじかの言葉に向き合うことで、その思想と実践をあらたに問い直し、功罪を問う。

¥5060

反ユダヤ主義と「過去の克服」

戦後ドイツ国民はユダヤ人とどう向き合ったのか

高橋秀寿 著

反ユダヤ主義とホロコーストの歴史的変遷を辿りながら、戦後、ドイツ人が「ユダヤ人」の存在を通してどのように「国民」を形成したのかを叙述する画期作。

¥4950

宇宙の途上で出会う

量子物理学からみる物質と意味のもつれ

カレン・バラッド 著
水田博子／南菜緒子／南晃 訳

哲学、科学論にとどまらず社会理論にも重要な示唆をもたらす21世紀の思想にその名を刻むニュー・マテリアリズムの金字塔的大著。

¥9900

今回のイチオシ本

思想としてのミュージアム
増補新装版

博物館や美術館は、社会に対してメッセージを発信し、同時に社会から読み解かれる、動的なメディアである。日本における新しいミュゼオロジーの展開を告げた画期作。旧版から十年、植民地主義の批判にさらされる現代のミュージアムについて、論じる新章を追加。

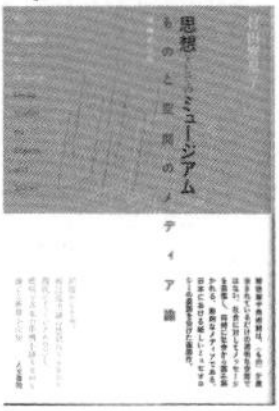

村田麻里子著
¥4180

【復刊】呪われたナターシャ
現代ロシアにおける呪術の民族誌

三代にわたる「呪い」に苦しむナターシャというひとりの女性の語りを出発点とし、呪術など信じていなかった人びと—研究者をふくむ—が呪術を信じるようになるプロセス、およびそれに関わる社会的背景を描いた話題作、待望の復刊！

藤原潤子 著
¥3300

超越論的存在論
ドイツ観念論についての試論

存在者へとアクセスする存在論的条件の探究。「世界は存在しない」「複数の意味の場」など、その後に展開されるテーマをはらみ、ハイデガーの仔細な読解も目を引く、哲学者マルクス・ガブリエルの本格的出発点。

マルクス・ガブリエル著
中島新／中村徳仁訳
¥4950

はじまりのテレビ
戦後マスメディアの創造と知

1950〜60年代、放送草創期のテレビは無限の可能性に満ちた映像表現の実験場だった。番組、産業、制度、放送学などあらゆる側面から、初期テレビが生んだ創造と知を、膨大な資料をもとに検証する。気鋭のメディア研究者が挑んだ意欲的大作。

松山秀明 著
¥5500

わゆる電源地帯である。Jヴィレッジから海沿いに目をやれば、広野火力発電所が目に入る。Jヴィレッジを見学した後に、福島第一原発をめぐり、安全神話を確認するのが事故前定番の見学コースでもあった。

双葉郡は福島第一原発の事故により、大半の地域が帰還困難区域、居住制限区域、避難指示解除準備区域に指定された。双葉郡における原発建設とそこで生み出される雇用への依存を統計的に振り返った歴史学者の高岡裕之は、そこに原発との特別な関係を読み取るべきではなく、高度経済成長期に生じた著しい産業間・地域間格差を背景として、大都市への人口流出と過疎化、その課題への対策としての地域開発の問題があるとする[32]。高岡は原発に依存した地域社会を生み出した日本社会そのものを問い直すべきと主張する。東京大会における復興の象徴としてのJヴィレッジという語りは、原発推進とスポーツ界との蜜月関係に加え、原発をめぐる日本社会の構造を再び見えづらいものにする可能性がある。さらに、復興オリンピックという構造が、施設が集中する富める中央＝東京と、一つ二つの競技を行ってもらう貧しい地方＝東北といった、これまでの地域開発と同じ構造に帰着していることも問題にしていかなければならない。

オリンピックにおける震災復興の行方

ここまで、オリンピックが利用し、意味を付与してきた震災復興との関係性について論じてきた。オリンピックと震災復興が結びつけられたのはあくまでも招致のための方便であったこと、この両者が容易に接続しないことを確認してきた。しかしながら、オリンピックは福島での競技で開幕し、聖火リレーをつなぐことで、復興を言祝ぐ存在となることが期待されていた。オリンピックの開催は被災地に配置されたいくつかの施設を復興の象徴として整備することで、復興とは何かを考える問いそのものを消しつつある。大会の開催が、復興を終わらせる存在になりかねないことも指摘してきた。

そのような問題に立ち向かうため、オリンピックに反対することが被災地の復興につながるとする言説も存在する。ただ、本章で示してきたように、オリンピックがなくなれば、すべての問題は雲散霧消し、復興が加速するわけではない。商業主義化されたオリンピックの醜悪な姿は時に目を覆いたくなる。しかしながら、だからといって、オリンピックを手放すことが、すべてを解決すると考えることは恐らく間違いだろう。震災下においてオリンピックを招き入れたことに加え、私たちは原発事故を含めた震災からの復興という課題に、どれだけ真摯に向き合ってきたのかということを改めて問わなければならない。オリンピックそのものを唯一の悪者に仕立て上げても、復興はなしとげられないからである。

ただ一方で、新型コロナウイルスの蔓延は、その創られた復興ですら、宙づりにし、復興の意味をオリンピックから根こそぎ奪い取ろうとしている。東日本大震災から一〇年の節目に当たる二〇二一年三月一一日、一〇周年追悼式の式辞で菅義偉首相は、これまで安倍前首相が触れ続けてきた復興オリンピックに言及しなかった。オリンピック開催の目的がコロナに打ち勝つことに変わっていく中で、復興というワードは存在感を薄めていく。第六章に見ていくように、その後聖火リレーはＪヴィレッジから開始されたが、形だけの復興を演出する姿勢に批判も寄せられている。

最後に、改めて復興とは何か、オリンピックとの関係では見えてこない社会的状況について考えておく必要がある。そこには記憶の風化という問題以上に、これまで復興に十分に向き合ってこなかった、あるいは復興に向き合えない社会の構造的要因が見いだせるだろう。再び山下の言葉を借りれば、復興政策ははじめから失敗していたのである。それはオリンピックのせいではない。ただし、オリンピックが復興を掲げてしまった以上、これを契機として今一度復興とは何かを見つめ直すことが必要ではなかろうか。そのことが復興オリンピックを掲げたことの社会的な責任／意義となる。

（1）『毎日新聞』二〇一九年三月一三日付。
（2）東京2020オリンピック・パラリンピック招致委員会『申請ファイル　2020年オリンピック・パラリンピック競技大会』二〇一二年、一ページ。
（3）「ＩＯＣ総会における安倍総理プレゼンテーション」総理官邸ホームページ、二〇一三年。
（4）三浦英之「Twitter」二〇二〇年三月八日。
（5）今井信雄「死者と記憶――震災を想起させる時間、空間、そして映像について」、大野道邦・小川伸彦編『文化の社会学――記憶・メディア・身体』文理閣、二〇〇九年、九〇‐一〇六ページ。
（6）山下祐介「復興オリンピック――なぜ、相反するものが一つになったのか？」、石坂友司・井上洋一編『未完のオリンピック――変わるスポーツと変わらない日本社会』かもがわ出版、三六‐五六ページ。
（7）筆者はオリンピックには正負の影響が生じうることを認めたうえで、そのネガティブな側面をいかに減じていくのかについて検討する立場をとっているため、オリンピックそのものは否定しないが、そのあり方には批判的である。
（8）鶴島瑞穂・斉藤孝信「二〇二〇年東京オリンピック・パラリンピックへの期待と意識――「二〇一七年一〇月東京オリンピック・パラリンピックに関する世論調査」の結果から」、ＮＨＫ放送文化研究所編『放送研究と調査』第六八巻第四号、二〇一八年、五八‐八五ページ。
（9）山下祐介『「復興」が奪う地域の未来――東日本大震災・原発事故の検証と提言』岩波書店、二〇一七年。
（10）齊藤誠『震災復興の政治経済学――津波被災と原発危機の分離と交錯』日本評論社、二〇一五年。建物ストック毀損額の計算方法は同書の六六‐六九ページを参照。

(11)もちろんそうは言っても、復興に資源が必要なときにオリンピックを開催すべきではなかったとする意見に全く異論はない。

(12)山下、前掲「復興オリンピック」。

(13)山下祐介「この国はもう復興を諦めた？　政府文書から見えてくる「福島の未来」」現代ビジネスWEBサイト。

(14)このような被災地、被災者を一括りにする書き方が多くのものを見えなくしていることには留意が必要である。詳しくは山下らの論考（山下祐介・市村高志・佐藤彰彦『人間なき復興――原発避難と国民の「不理解」をめぐって』明石書店、二〇一三年）を参照。

(15)「福島県の住民に対する「世論調査」」『朝日新聞』二〇一八年三月三日付、並びに同日のデジタル版を参照した。この調査は二〇一八年二月二四日、二五日の両日、固定電話に対する無作為・RDD方式で一八八八件を対象にし、一〇〇四人が回答した（回答率は五三％）。

(16)『東日本大震災八年　被災者アンケート』NHK NEWS WEB、二〇一九年。被災者や原発事故の避難者四四〇〇人に対面と郵送で実施し、一六〇八人が回答した（回答率三六・二％）。

(17)『共同通信』二〇二一年三月二二日付、WEB版。

(18)水出幸輝「2020年東京オリンピック・パラリンピック開催決定と他者――テレビ報道を事例に」、『スポーツ社会学研究』第二四巻第一号、二〇一六年、七九‐九二ページ。

(19)高橋豪仁「新聞における阪神淡路大震災に関連づけられたオリックス・ブルーウェーブ優勝の物語とあるオリックス・ファンの個人的体験」、『スポーツ社会学研究』第八巻、二〇〇〇年、六〇‐七二ページ。

(20)稲葉佳奈子「なでしこジャパンと「日本」はどのように結びつくのか」、石坂友司・小澤考人編『オリンピックが生み出す愛国心――スポーツ・ナショナリズムへの視点』かもがわ出版、二〇一五年、一四八‐一五八ページ。
(21)『朝日新聞』二〇一一年七月一一日付。
(22)吉田毅「東日本大震災で被災したスポーツ集団の復興プロセス——被災の様相と復興への力」、『スポーツ社会学研究』第二〇巻第一号、二〇一二年、五‐一九ページ。
(23)栗原彬・苅谷剛彦、杉田敦・吉見俊哉「座談会　津波被災地から考える」、栗原彬ほか『3・11に問われて——ひとびとの経験をめぐる考察』岩波書店、二〇一二年、二三‐六一ページ。
(24)同上、二七ページ。
(25)森田浩之「3・11とメディアスポーツ——物語の過剰をめぐって」、『スポーツ社会学研究』第二〇巻第一号、二〇一二年、三七‐四八ページ。
(26)JOCが東京大会のアスリート応援のために作成したサイト「応援団結　がんばれ！　ニッポン！」。
(27)石坂友司「スポーツ・ナショナリズムの現代的特徴——商業主義・グローバル化時代の三つのメガイベント」、石坂・小澤編、前掲『オリンピックが生み出す愛国心』四三‐七四ページ。
(28)内海和雄「『スポーツ基本法』の研究（Ⅱ）——戦後スポーツの行政と法（二）」、『一橋大学研究年報　自然科学研究』第二八号、一九九二年、一‐一四二。
(29)『中日新聞』二〇二〇年三月二三日付。
(30)開沼博『「フクシマ」論——原子力ムラはなぜ生まれたのか』青土社、二〇一一年。
(31)内山田康「復興オリンピックの変容と政治の本性」、石坂・井上編、前掲『未完のオリンピック』五七‐九〇ページ。
(32)高岡裕之「原子力発電所と地域社会——福島県双葉地域に関する統計的考察」、大門正克ほか編『「生存」の歴史と復興の現在——3・11 分断をつなぎ直す』大月書店、二〇一九年、一五二‐一六九ページ。

第四章　オリパラ教育とボランティアの行方

オリンピックに期待される価値の一つに、一生に一度という得がたい経験によって、スポーツの望ましいとされる理念や価値に触れることがあげられる。一九六四年大会の招致に際して、プレゼンターの平沢和重は、日本の小学校の国語の教科書にオリンピックの精神が記載されていることを紹介し、ＩＯＣ委員に訴えかけた。一九六四年大会を経験した世代が二〇二〇年大会に非常に関心を寄せていたことからもわかるように、大会の経験はポジティブな感情を生むことが知られている。(1)今大会もオリンピック・パラリンピック（オリパラ）(2)教育に期待が寄せられている。また、一九九八年長野大会で展開された一校一国運動やボランティアへのポジティブな評価は、(3)東京大会でも同様に期待されている。そこで本章では、無形のソフトレガシー（遺産）(4)と呼ばれるオリパラ教育やボランティアについて考えていきたい。

オリパラ教育はなぜ行われるのか

オリパラ教育にはいくつかのアクターが存在する。主要なものでは、東京都の「オリンピック・パラリンピック教育」における四プロジェクト、スポーツ庁の「オリンピック・パラリンピック・ムーブメント全国展開事業」、組織委員会の「ようい、ドン！」という愛称が付けられた「東京２０２０教育プログラム」などがある。加えて、小・中・高等学校、あるいは大学が、上記のプロジェクトと連携しながら授業や活動を行っているほか、スポンサー企業なども同様の活動を行っているケースがある。また、日本オリンピック・アカデミーなど、オリンピックムーブメントを推し進めてきた組織が主体になって行う活動もある。

まずは、開催都市の東京都が行っているオリパラ教育の基本的な考え方について概観しておこう。東京都のオリパラ教育の基本的な考え方は、教育委員会が出した『「東京都 オリンピック・パラリンピック教育」実施方針』(5)に整理されている。それによると、「平和でより良い世界の構築に貢献する」というオリパラの究極の目標が、「教育基本法」及び「学校教育法」における教育の目標の一つでもある「伝統と文化を尊重し、それらをはぐくんできた我が国と郷土を愛するとともに、他国を尊重し、国際社会の平和と発展に寄与する態度を養うこと」（「教育基本法」第二条）という文言と親和性が高いというものである。[6]つまり、オリパラ教育は教育基本法に合致した教育として展開できるという前提が置かれている。この考えがもたらすナショナリズム的な側面については第五章で示す。

この実施方針では、重点的に育成すべき五つの資質として、①ボランティアマインド、②障害者理解、③スポーツ志向、④日本人としての自覚と誇り、⑤豊かな国際感覚、が掲げられている。そして、四つのテーマ（オリパラの精神、スポーツ、文化、環境）と四つのアクション（学ぶ、観る、する、支える）を組み合わせる、「四×四の取組」による教育活動の展開が目指されていることに特徴がある。

この教育を展開した結果、どのようなレガシー（遺産）が生まれることを想定しているかと言えば、東京都教育委員会が掲げたものは、第一に、子供たち一人一人の心と体に残る、かけがえのないレガシー、第二に、学校における取り組みを大会後も長く続く教育活動として発展、第三に、家庭や地域を巻き込んだ取り組みにより、共生・共助社会を形成するというものである。

ここには四つのプロジェクトからなる具体的な活動が想定されている。すなわち、第一に、「世界ともだちプロジェクト」があり、これは一九九八年の長野大会で展開された一校一国運動にあたるもので、調べ学習や大使館との交流などが含まれる。第二に、「東京ユースボランティア」があり、ボランティアへの参画を意識づけるために、さまざまな地域や団体に関わりを持ちながらボランティア体験をすることで、子どもたちの意識を高めていこうというプログラムである。第三に、「スマイルプロジェクト」があり、障がい者スポーツの観戦や体験、特別支援学校との交流を含めた取り組みである。第四に、「夢・未来プロジェクト」があり、アスリートが小学校等にやってきて直接交流する授業を実施するものである。主に小・中学校において、このような四つのプロジェクトを三五時間をめどに授業に採り入れることが掲げられていた。これらの活動の成果は、東京都教育委員会のオリパラ教育のサイトに掲示されていて、PDFで各校の取り組みを閲覧できる。

次に、スポーツ庁が実施している「オリパラ・ムーブメント全国展開事業」があり、スポーツ庁を中心に、大会組織委員会、内閣官房、JOC、JPC（日本パラリンピック委員会）、パラサポ（日本財団パラリンピックサポートセンター）に加え、全国中核拠点として筑波大学、日本体育大学、早稲田大学の三校が、さまざまな教育推進校の支援を展開する。スポーツ庁がさまざまな主体をまとめて全国コンソーシアムを組織し、教育拠点校の三大学がノウハウを提供するかたちで事業展開がなされていることに特徴をもっている。

早稲田大学がまとめた全国展開事業の報告書を眺めてみると、その一端が垣間見える。(7) 全国展開事業では、セミナーやワークショップの開催及び支援、オリパラ教育実践の支援、全国フォーラムの開催などの支援事業が行われていて、以下の五点に分類される。①スポーツ及びオリンピック、パラリンピックの意義や歴史に関する学び(いわゆる「オリパラについての学び」と呼ばれる)、②ボランティア、③共生社会、④日本の伝統、⑤スポーツに対する興味・関心の向上、スポーツを楽しむ心の育成(②〜⑤は「オリパラを通じた学び」と呼ばれる)である。

この報告書ではその五点が統計的に分析されていて、最初の一年はアスリートを呼んで実際に競技を体験してみるプログラムと、オリンピックとは何か、オリンピズムとは何かといった歴史を学ぶプログラム(=①)が非常に多かったのに対して、二年目以降は、オリンピックを通じてスポーツに対する興味・関心の向上を考えるプログラム(=⑤)が徐々に増えていったようである。このように、全国展開事業は①と⑤を中心に行われる傾向があることが報告されている。そこで問題となるのは、比較的高い割合で実施されているオリパラアスリートを招聘した講演（体験談）の聴講や、歴史などに関する学びの内容がどのように充実し、生徒に影響を与えてきたのかということである。これはオリパラ教育の評価として今後分析される必要があるだろう。

組織委員会が実施している教育プログラムには「ようい、ドン！」がある。全国の小・中・高等学校がオリパラ教育実施校「ようい、ドン！　スクール」に申請でき、組織委員会に認証されると、教育プログラムのロゴやマスコットのイラストが学習教材や学級通信などに利用できるほか、教育プログラムや学校連携観戦プログラムなどの関連事業への参加、情報提供が受けられる。そこには「自信と勇気」、「多様性の理解」、「主体的・積極的な社会参画」の三つのレガシー（遺産）が想定されていて、オリパラ教材を活用した学習、オリパラ競技の体験、アスリートやスポーツ関係者との交流など七つの分野からなる教育が提供されている。

学校教材としては、東京都教育委員会が作成した『オリンピック・パラリンピック学習読本』（小学校編、中学校編、高等学校編）や『オリンピック・パラリンピック教育映像教材（ＤＶＤ）』、そして英語補助教材『Welcome to Tokyo』（冊子及びＤＶＤ）が都内の児童・生徒に配布されたほか、(8) IOC公認の『オリンピック価値教育の基礎（OVEP）』、IPC（国際パラリンピック委員会）公認の「I'mPOSSIBLE（アイム・ポッシブル）」などが提供されている。また、この他にも組織委員会のホームページでは、学習動画や教育ビデオ、事前・事後学習のための指導案までもが提供されている。

これらオリパラ教育が既存の教育カリキュラムとどのように整合性がとられ、教員の負担を強いているのであろうか。オリパラ教育をどの科目が担うのかについて、先の早稲田大学の報告を見ると、体育科・保健体育科での導入が比較的多く行われているほか（小学校で一九・三％、中学校で四一・四％、高等学校で一六・一％）、総合的な学習の時間や特別活動、その他の時間に実施されているケースもあり、必ずしも体育科・保健体育科に限定された内容ではないことがわかる。(9) 体育教員がオリパラ教育の中心的役割を期待されるにしても、彼らは特にオリパラの専門家であるわけではない。上記のような学習教材が準備されているとは言え、それをなぞるだけの展開に終わる可能性も高い。

長野大会の一校一国運動

オリンピック教育と言えば、長野大会の一校一国運動が有名である。この大会では、長野市の小・中学校七五校において、一つの学校が一つの国を選び、そこで国際交流が展開された。この取り組みは、筆者らの調査では、長野大会のソフトレガシー（遺産）として地元住民には評価が高い。[10] 一方で、各校に割り当てられた交流国との関係づくりが大変で、教員の理解が十分に得られないうちに、上意下達的なかたちで降りてきたという実態も聞き取り調査などから明らかになっている。ただし、大会後一〇年を経過した二〇〇八年の時点で、長野市では約半数にあたる三八校がこの活動を継続していたことから、活動の意義は多くの学校で理解されていたことがわかる。例えば、長野市立徳間小学校は、ルーマニアとの関係を築き、エイズに罹患した子どもたちのサポートをする「Act Against AIDS」という活動を継続して展開しており、今回の東京大会の教育実施校にも認定されている。オリンピックのような一過性のイベントを契機に、継続されて学校の伝統になったという事例は評価できると言えるだろう。

一校一国運動の成果（影響）としては、次の三点が挙げられる。第一に、一校一国運動を実施したことにより、友好、平和、オリンピズムに対しての理解が深まったという教育的効果がある。第二に、学校教育に直接関わっていない市民が、学校教育活動として非常に高い評価をしているということである。第三に、この取り組みを起点にして、シドニーやソルトレークシティーなど、以後のオリンピック大会に一校一国運動が引き継がれるという波及効果があった。先に述べたように、東京大会では「世界ともだちプロジェクト」がこれを継承して展開されている。

以上の成果の反面、この運動は自発性を重んじる教育として展開されながらも、構造的には上意下達的な側面を有していた。それが結果を生んだのには、教員たちのさまざまな創意工夫によるところが大きい。活動がうまくいかなかったり、教員に過重な負担を課したりした事例もある中で、活動自体としては成功したものとして評価されていると言える。この点について、教育学者の髙木啓は文化人類学者山口昌男の祝祭の概念を使いながら説明を試みている(11)。祝祭としてのオリンピックは、典型的には「上意下達」型の「催し物」である一方で、光源さえこちらの側にあれば、埋もれた感受性を復活させる機会として「出来事」型のコミュニケーションになりうることを示し、それを学校の教員たちが導いたと分析するのである。

一方で、オリパラ教育は何が起きるか分からない「出来事」型のコミュニケーションに開かれているという意味で、大きな可能性をもっているとも言えるが、現在の学校教育は「働き方改革」が唱道されるように、教師の大変な負担の中で行われていることも事実である。長野大会に比べ、東京大会はさまざまな教材や資源が準備されているとは言え、オリパラ教育が突然教育課程に盛り込まれ、教員の創意工夫に全てが委ねられたことは、教育効果と比較しながら検証されなければならないだろう。

オリンピズムの価値

オリパラ教育は私たちの社会にどのような価値をもたらすのであろうか。コロナ禍で延期が決まり、開催が危ぶまれている二〇二一年現在、復興というワードと同様に、オリパラ教育にはほとんど焦点が当たらなくなっている。そもそも緊急事態宣言の発出などによって、学校教育の通常のカリキュラム消化すらおぼつかなくなっている中で、特別なプログラムに目を向けている余裕がないこと、また、アスリートの派遣事業や「世界ともだちプロジェクト」など外部との接触、連携が求められるイベントはソーシャル・ディスタンスが求められる社会にあっては忌避されるからである。

しかしながら、コロナ禍が訪れるまでの学校教育において、オリパラ教育に対する批判的言説はあまり耳にすることがなかった。実態が外部に知られていないと言うこともあるが、それ以上に、オリパラ教育が掲げる理念的価値について、批判的スタンスが取りづらかったと言うことも関係している。オリパラ教育はピエール・ド・クーベルタンの平和思想に代表されるように、オリンピズムの精神を紹介し、それを絶対的で、善なる価値として扱ってきた。『オリンピック・パラリンピック学習読本』がその典型である。このような傾向は教育学者の新堀通也が述べるところの「殺し文句」につながる考え方である。[12]オリンピックは理念的な価値として人びとを感化する特徴をもっている反面、過剰な商業主義の展開など、ネガティブな存在になり得るさまざまな特徴を併せ持っている。それにもかかわらず、「理念的に素晴らしい価値があるので、オリパラ教育を推進するべきである」という主張を展開することによって、オリパラ教育はいわゆる殺し文句として機能してきたのである。

近年私たちが「殺し文句」に浸されていたと気付かされたものに原発の安全安心神話がある。社会学者の西村大志が指摘するように、原発の安全を科学的に問うことができない領域に漠然と押し上げてしまったことが、二〇一一年の東日本大震災における原発事故を招くことにつながった[13]。オリパラ教育が同様の「殺し文句」によって支配されているとするならば、その構造を検証しておくことは重要である。一方で、原発事故と同様に、コロナ禍という緊急事態に遭遇して、オリパラが有していた理念的価値が吹き飛んだように見えることについては、本書の最後で見ていきたい。

オリパラ教育、特にオリンピック教育の価値とそれが取り巻く「殺し文句」の構造について分析するにあたり、創始者クーベルタンの思想から考えてみよう。クーベルタン研究の第一人者で、スポーツ史学者の和田浩一はクーベルタンのオリンピズムについて以下のように分析している。まず、オリンピックの理念的価値を表現しているものとして良く使われる「オリンピズム」という言葉は、実はクーベルタンが用いたものではないと言う[14]。すなわち、クーベルタンは、オリンピズムという定義自体をしておらず、逆に言えば、その曖昧さゆえに、今のオリンピック教育には、何でも含み込んでしまう価値の広がりがあるのではないかということだ。クーベルタン自身は、オリンピックそのものではなく、オリンピックを超えた教育的価値を追求するための教育学を構想しており、体育やスポーツの専門家だけではなく、文学や哲学など、さまざまな専門家の参集があってはじめてオリンピック教育は成立すると考えていた。

和田は、オリンピズムが「人間社会の変革を実現させ得るスポーツの可能性を〈考えていこうとする思想〉に見えてこないだろうか」と記している。[15] すなわち、オリンピズム自体も、オリンピックが持っている本質的な価値そのものではなく、実は、オリンピックの中で考えられる、人間の社会の変革を実現させ得るようなスポーツの可能性をめぐる議論においてこそ意味があるのではないかということである。

もう一つ、和田が整理していることで重要なのが、クーベルタン自身がスポーツの有益とも有害ともなり得る存在を自覚していたということである。[16] 彼は、オリンピックはポジティブなだけではなく、ネガティブな両義性も帯びていると考えていた。これに照らせば、オリンピックが教育に値するものかどうかを考えること自体がオリンピック教育に求められる機能の一つだったはずだが、コロナ禍以前の状況は、オリンピック（教育）は素晴らしいので、それを実施するべきであるという「殺し文句」で、現場に一つの価値の導入が図られていた。この意味で、これまで行われてきたオリパラ教育は価値が一面的であり、オリンピックの良い面を確認し、オリンピックがどのようにしてつくられてきたかをただ見せるだけにとどまっていると言えるかもしれない。

これを乗り越えるためには、オリパラの価値を相対化する視点の導入が不可欠である。(17)オリンピックの価値は、一つのポジティブな価値に彩られるだけではなく、さまざまなネガティブな価値の中にも位置付けられることを学ぶ必要があり、オリンピック教育はこのような観点からも展開されるべきである。(18)ちなみに、長野大会では、行き過ぎた商業主義や勝利至上主義の弊害などを問いかける教員の授業実践も見られたが、(19)そのほとんどが教員の裁量に委ねられていた。スポーツ庁の事業を含め、さまざまな事業は二〇二〇年の夏を目指して展開されてきており、大会後に終了するものがほとんどであった。そこには教育の連続性が保証されておらず、学校体育を中心に、そういった活動の継続性、他の教育内容との接続についても考えておく必要があるのではないだろうか。

しかしながら、以上のオリパラ教育をまったく見えなくしてしまったのがコロナ禍である。通常授業ですら制約を受ける中で、オリパラ教育の全貌がどのように変わってしまったのかについては現時点で詳細は明らかになってはいないが、これまでの教育のあり方がどのように評価されるのかについては、オリパラ教育導入の評価とともに、今後検証していかなければならないだろう。

東京大会とボランティア

オリパラ教育の一つに構想されていたように、ボランティアの経験も東京大会に期待されている大きな価値の一つである。それがどのような課題を抱えつつ、可能性を秘めていると考えられていたのかについて続けて見ていきたい[20]。東京大会のボランティア募集には批判的言説が数多く寄せられ、募集開始前から議論を呼んでいた。批判された主要な論点は、東京大会のボランティアが、いわゆる「動員」と「やりがい搾取」につながっているのではないかというものである[21]。

東京大会には多額の経費がつぎ込まれており、競技場などの建設費、大会運営費などを含む直接経費に加え、関連街路の整備など、都市開発に向けられる間接経費を含めると三兆円を超えるとみられる。一方で、大会中に募集されるボランティアは八万人とされ、一定額の交通費や昼食代などが支給されることは決まったが、酷暑が予想される時期の過酷な活動になることは間違いないことから、大会経費の大きさに比べて、その活動が無償で行われることに批判が集まった。加えて、参加が義務づけられている事前研修会への交通費、海外を含む東京以外から参加するボランティアに対する宿泊費は支給されないため、全世界、[22]そして全国各地から応募してくる希望者にとっては経済的負担となる。募集のあり方を議論していた有識者会議内での、やりがいをわかりやすくPRしてはどうかという発言が報道され、「やりがい搾取」批判へとつながっていった。

また、特に関東圏の大学では、学生がボランティアに出やすい環境を築くために、授業期間の前倒しを検討したり、ボランティア活動の単位化、事前の有料講習会を開催したりするなど積極的な対応が行われていた。このようなボランティアに対する過剰な価値付けに対して、動員批判がわき起こったのである。

これらの批判には、ボランティアの本質とは何かをめぐる日本的な傾向性も見られる。ボランティア言説／言表の変容を読み解いてきた社会学者の仁平典宏の議論を参考にすると、例えば福祉の領域などでは、あくまでも自分の時間や労力を犠牲にして、人のために尽くすこと、すなわち、人に何か贈り物をするという意味での〈贈与〉こそがボランティアの本質と考えられてきた。[23]従って、この活動にやりがい、楽しさ、就職活動に役立つなどの副次的効果、すなわち〈互酬性〉を期待することは、ボランティアの本質を逸脱するととらえられることが多い。この本質をめぐる思い込み（こうあるべき）が根強く存在し、NPOや〈互酬性〉を期待される活動の登場に批判的言説が向けられやすいのが日本の特徴である。

海外と比較するとこの特異性が明らかとなる。例えば二〇一二年に開催されたロンドン大会では、大会運営ボランティア「ゲームズ・メーカー」と開催都市の観光ボランティア「チーム・ロンドン・アンバサダー」の募集が行われたのは同様だが、長期失業者に対してボランティアへ参加するための基本的スキルを提供するプログラム「パーソナル・ベスト」など、いくかのプログラムが提供されていた[24]。このように、イギリスではボランティアを行うことが就職支援に積極的に役立てられたが、日本の文脈では、ボランティアへの動員であり、やりがいの搾取であるという議論が先行する。

以上のような騒動で幕を開けたボランティア募集は二〇一八年一二月で締め切られ、二〇一九年から選考過程に入った。この募集条件は、一日八時間程度、一〇日以上できる人に限られ（連続は五日以内）、この条件で無理なく担当できるのは、主に学生やシニア層に限られるとみられていた。実際に応募者が多かったのは、日本国籍の人に限ると、五〇代が最も多く（二二％）、二〇代は少なかった（一二％）[25]。

東京大会で想定されている活動内容は案内、競技運営、移動サポート、アテンド、運営サポート、ヘルスケア、テクノロジー（機器の貸出し、結果入力）、メディア（記者会見の運営サポート)、式典などとなっている。ちなみに、大会スタッフとボランティアを合わせたネーミングは「Field Cast」、都市ボランティアの名称は「City Cast」に決まった。

これらボランティアはどのように、そして誰が選考しているのだろうか。選考方法はそれぞれがエントリーした役割と、活動場所の希望者数を定員に応じて分配し、オリエンテーション(説明会・面談)を経て最終決定されることになっている。この過程では応募フォームに記載するボランティア経験の有無が判断材料になっているとみられるが、これは「ボランティアマネジメント」(26)と呼ばれ、やりたい人と必要な活動を結びつけるマッチングという作業が中心になっている。このマネジメントは、長野大会や二〇〇二年のFIFA・W杯でボランティアを担当したグループなどが担っていると言われる。

活動内容を伝達し、教育するためには事前の研修を徹底する必要があり、人数が増えればその経費もかさむ。このことからより少ない人に多くの日数を担当してもらうことが高率のよい運用方法とされる。加えて、長期間にわたる募集によって覚悟を問うという、離脱防止策になっているとの考え方もある。しかしながら、本来はより多くの人が活動に参加できる仕組みの方が、ボランティアの可能性を増やすことにつながるはずである。また、このマネジメントについては、経験ある団体が選考を進めていくという意味合いにおいて、ボランティア活動をめぐる組織・人の階層化が進行していると言えるだろう。

その他、長野大会でも同様だったが、語学通訳や医師、ドライバーなど、本来は有償の手当てをして用意しなければならない職種に対するボランティア募集がなされていて、その是非が問われるものもある。[27]また、ボランティアのやりがいとして強調される、選手と触れ合え、金メダル獲得のシーンを共有できる会場担当者にすべての人がなれるわけではなく、その多くが駐車場の整理やチケットもぎりなど、必ずしもやりがいがある活動とは言えないものを担当せざるを得ない。そのような活動に当たったボランティアのモチベーションの維持も課題の一つとされる。ただし、多くのボランティアにとっては、この大会に関わることこそが重大な意義の一つである。

ボランティアと地域社会の接点

募集において紆余曲折のあったボランティアだが、募集人員の二倍を集めることになった。これらボランティアが大会後に、都市や地域でどのように連携し、活動を展開できるのかが課題となる。日本のオリンピック・ボランティアの先駆けとなる長野大会では、エムウェーブ友の会や Hakuba Team '98 に代表されるグループが、大会後も活動を継続してきたことで知られる[28]。これらのグループは行政からの働きかけではなく、ボランティア有志による同窓会的組織の結成がスタートであった。友の会の場合、大会後の競技運営に要員を確保したい長野市と思惑が一致したかたちとなり、エムウェーブ内に事務所を置いて活動を続けている。

一方で、Hakuba Team '98 が抱えた課題として、行政、競技団体の連携が必ずしもうまくいかないケースも存在する。例えば、大規模な競技会でなければ、運営スタッフは競技関係者でまかなうことができ、その都度人数を募集しなければならない不安定なボランティアに依存することが敬遠されるようになったという。また、行政との関わりも、大会直後こそ、総会などに関係者が臨席していたものの、徐々に希薄となり、環境保全活動なども単独の活動として行うようになっていったとされる。それは大会後にボランティアをどのように行政や地域の活動に位置づけることができるのかというビジョンが、行政の側に存在していなかったために起こった必然でもある。

東京大会後のボランティアの位置づけについては、「東京都ボランティア活動推進協議会」が設立され、ボランティア戦略が練られることになっている。この協議会はオリパラのボランティア活動を円滑に推進するために設置され、企業、学校、ＮＰＯなどの民間団体、町会、自治会、商店会、組織委員会などによって構成される。大会ボランティアと都市ボランティアをどのように自治体の活動や競技支援につなげていけるのかが今後の課題となるが、コロナ禍もあって、目立った動きは見られていない。

スポーツ社会学者の金子史弥によると、ロンドン大会では、ボランティア経験者のためにスポーツクラブやイベントでのボランティア機会に関する情報を提供する「ジョイン・イン」というウェブサイトが、また、ロンドンにおける観光や地域ボランティア機会に関する情報を提供する「チーム・ロンドン」というウェブサイトが準備されたものの、これらの取り組みは必ずしも効果をあげていないという。[29] そこには「一生涯のイベント」が日常的なボランティアには簡単につながらないという課題が浮き彫りになっている。

日本の事情はイギリスとは異なることが考えられるが、長野大会のボランティア組織は、一部の経験者の自発的な組織化によって、意図されない遺産として生み出された。[30] 東京大会では、長野大会で作られたようなボランティアのネットワークを、行政がサポートする仕組みづくりは可能であろうか。一般的な例で言えば、昨今隆盛している地域のマラソンイベントは、スポーツ・ボランティアの存在が前提となり、行政やサポート団体、自治会などの協力関係が、一部動員的な強制力を伴いながらも築かれつつある。また、国が推し進めている総合型地域スポーツクラブは地域のコミュニティづくりを掲げ、全国にその数を増やしつつある[31]。一方で、オリンピックという特殊なメガイベントのボランティアはそれらと根本的に異なり、彼らには共通する居住地域がない。全国各地からこのメガイベントのために集まってくるボランティアをどのように今後つなぎ止めていくのか、そして、彼らのそれぞれの居住地でオリンピックとは違う活動にどのように結び付けていくのかが問われてこよう。

それは長野の事例で見てきたように、競技会場や活動場所を中心とした居場所づくり（ボランティア団体の結成）と、それらボランティアを地域の活動へと導く準備（ネットワークの構築）をベースにまずは進めていくことである。前者は競技会場や関連する地域に物理的な拠点を設けることも一つのアイデアだろう。後者は、各自治体が通常の活動に経験者を招き入れるための窓口を拡大すること、あるいは同窓会の支部のような組織を作ることなどが考えられる。これらのいくつかは長野大会でも実現している。以上の意味において、東京大会のボランティアは東京だけの問題ではなく、全国各地の自治体の問題としても考えることのできる可能性を有していると言える。

しかしながら、ここでも意義を見失わせつつあるのがコロナ禍である。海外を含めた多くの観客が集まった開催が難しくなっていく中で、感染症に対する警戒心、不安が高まっている。二〇二一年三月に海外からの観客は受け入れない方針が出され、四月末には三度目の緊急事態宣言が発出されるなど、国内の観客の有無については方針を決められないほど混乱が続いている。第六章で見ていくように、森喜朗組織委員会会長がどのような状況下にあっても大会を開催すると発言し続けたことで、そのようなイベントに協力できないとして、ボランティア予定者からも批判が相次ぎ、辞退者が出始めている。また、本来であれば、選手や観客との触れ合いによって、かけがえのない大会を創り出すことに最大の価値を求めていたボランティアにとって、コロナ禍での限定的な開催はその価値を大きく減じることになっている。本番を想定した研修が四月からオンラインで開始されているが、大会の行方とともに、不安定な状況が続いている。

以上に見てきたように、オリパラ教育やボランティアへの期待は都市開発や競技場の造成のような有形、物理的レガシー（遺産）とは異なり、無形のソフトレガシーと呼ばれる。長野大会がこれらのレガシーを生んだと評価されることを踏まえて、東京大会も意図的に取り組みが続けられてきた。コロナ禍で成果は見えづらくなっているが、大会後に検証が必要な事項であることは間違いない。

（1）石坂友司「成功神話の内実と記録映画がもたらす集合的記憶」、石坂友司・松林秀樹編『一九六四年東京オリンピックは何を生んだのか』青弓社、二〇一八年、二四‐四四ページ。
（2）本書では主にオリンピック・パラリンピック競技大会のオリンピックの側面に焦点を当てて議論しているが、この大会を通じた教育に関してはパラリンピックを含めて議論されることが多い。従って、本章ではオリパラ教育と表記する。
（3）石坂友司・松林秀樹編『〈オリンピックの遺産〉の社会学』青弓社、二〇一三年。
（4）石坂友司「オリンピック・レガシー研究の隘路と可能性――ポスト・オリンピック研究に向けて」、日本スポーツ社会学会編集企画委員会編『2020東京オリンピック・パラリンピックを社会学する――日本のスポーツ文化は変わるのか』創文企画、二〇二〇年、二四‐三六ページ。なお、筆者はIOCが提唱するポジティブな遺産のみを表す言葉であるレガシーの使用には慎重的立場を取る。阿部潔は、レガシーが「先取りされた未来」として、あらかじめ権威によって決められてしまうことの政治性を批判している（阿部潔『東京オリンピックの社会学――危機と祝祭の2020JAPAN』コモンズ、二〇二〇年、第二章）。
（5）東京都教育委員会『「東京都 オリンピック・パラリンピック教育」実施方針』二〇一六年。
（6）同上、四ページ。
（7）例えば、友添秀則ほか「二〇一七年度におけるオリンピック・パラリンピック教育実践の取り組み――早稲田大学オリンピック・パラリンピック教育研究センターの担当地域に着目して」（『スポーツ科学研究』第一六号、二〇一九年、一‐一三ページ）などを参照。

（8）『オリンピック・パラリンピック学習読本』は都内の公立小学校四年生以上の全児童・生徒六六万三九九六人（都内全国立、私立学校の児童・生徒にも配布）、『オリンピック・パラリンピック教育映像教材（DVD）』は都内全公立学校二一六八校（都内全私立学校にも配布）、そして『Welcome to Tokyo』は都内公立小学校五年生以上の全児童・生徒に配布された（東京都教育委員会ホームページより）。

（9）前掲、友添ほか「二〇一七年度におけるオリンピック・パラリンピック教育実践の取り組み」、八ページ。

（10）石坂・松林編、前掲『〈オリンピックの遺産〉の社会学』、特に髙木啓「「遺産」としての「一校一国運動」——長野市立徳間小学校の取り組みを中心に」（一三四-一四九ページ）を参照

（11）髙木、同上。

（12）新堀通也『「殺し文句」の研究——日本の教育風土』理想社、一九八五年。

（13）西村大志「「安全安心」の創造——お札効果とその構造」、ミツヨ・ワダ・マルシアーノ編『〈ポスト3・11〉メディア言説再考』法政大学出版局、二〇一九年、六一-八〇。

（14）和田浩一「オリンピズムという思想——新しいオリンピズムの構想への序章」、『現代スポーツ評論』第二三号、二〇一〇年、六二-七一ページ。

（15）同上、七〇ページ。

（16）和田浩一「近代オリンピックの創出とクーベルタンのオリンピズム」、小路田泰直ほか編『〈ニッポン〉のオリンピック——日本はオリンピズムとどう向き合ってきたのか』青弓社、二〇一八年、三三-五七ページ。

（17）例えば、坂上康博編『一二の問いから始める オリンピック・パラリンピック研究』（かもがわ出版、二〇一九年）、舛本直文『決定版 これがオリンピックだ——オリンピズムがわかる一〇〇の真実』（講談社、二〇一八年）などを参照。

（18）オリンピックの価値を真っ向から否定する視点もあり、例えば、小笠原博毅・山本敦久編『反東京オリンピック宣言』（航思社、二〇一六年）、ヘレン・ジェファーソン・レンスキー『オリンピックという名の虚構

――政治・教育・ジェンダーの視点から』（井谷惠子・井谷聡子監訳、晃洋書房、二〇二一年）などを参照。
(19) 小山吉明「現代社会とオリンピック」、『体育科教育』第四七巻第一五号、一九九九年、四五 - 四七ページ。
(20) ここでは東京大会におけるボランティアがもつ課題と可能性に焦点をあてて論じるが、ボランティアが公共性の高い地域の活動に参画すると市民社会が活性化するという単純な議論は、行政の財政的縮減を正当化し、かえって地域の資源を破壊してしまう危険性があるという両面を検討しなければならない。例えば、コミュニティの再創造を旗頭にした総合型地域スポーツクラブの誕生が、行政と地域住民間にもたらした変化や負の側面を論じたものとして小林勉『地域活性化のポリティクス――スポーツによる地域構想の現実』（中央大学出版部、二〇一三年）を参照。
(21) 仁平典宏「オリンピックボランティア批判の様態と起動条件――「やりがい搾取」をめぐって」、石坂友司・井上洋一編『未完のオリンピック――変わるスポーツと変わらない日本社会』かもがわ出版、九一 - 一一二ページ。
(22) コロナ禍の影響で、海外からのボランティアは受け入れが断念された。ただし、特に大会運営に必要な経験をもつとされる約五〇〇人のボランティアは特例措置で入国が許可される見通しである。
(23) 仁平典宏『「ボランティア」の誕生と終焉――〈贈与のパラドックス〉の知識社会学』名古屋大学出版会、二〇一一年。仁平はボランティアの本質を措定してから、「ボランティアである／ない」を識別する実体論的議論を避け、その意味論的構造を探ろうとする。
(24) 金子史弥「ロンドン2012オリンピック・パラリンピックにおけるボランティア政策」、『現代スポーツ評論』第三七号、創文企画、二〇一七年、一〇一 - 一一二ページ。
(25)『日本経済新聞』二〇一八年一一月二一日付、WEB版。
(26) 行實鉄平「スポーツボランティアのマネジメントを考える」、『現代スポーツ評論』第三七号、創文企画、二〇一七年、五六 - 六五ページ。

(27) コロナ禍にあっては、医療体制の逼迫に伴い、そもそも医師や看護師の確保が難しいことから批判が再燃している。

(28) 石坂友司・徐禎完「長野オリンピックが生み出した遺産——ポストオリンピックの課題とその分析」、翰林大学校日本学研究所『翰林日本学』第三三号、二〇一八年、一七三-一九六ページ。

(29) 金子、前掲「ロンドン2012オリンピック・パラリンピックにおけるボランティア政策」、一〇四-一〇九ページ。

(30) 石坂・徐、前掲「長野オリンピックが生み出した遺産」、一七九-一八一ページ。

(31) 高田昭彦「地域スポーツの〝地域(コミュニティ)〟とは何か?——コミュニティづくりにおけるスポーツの役割」、『成蹊大学文学部紀要』第五三号、二〇一八年、九九-一二三ページ。

第五章　東京オリンピックとナショナリズム

本章ではオリンピックとナショナリズムの関係性についてみていこう。オリンピックとナショナリズムの関係は密接なものがある。四年に一度の祭典であるオリンピックが始まると、日本中はオリンピック報道で一色に染め上げられる。ほぼすべてのテレビ局が連日大会を中継し、日本選手のメダル獲得のシーンを放送する。また、メダリストになった選手、敗れた選手の物語が大量に流され、視聴者はそれを消費する。量と質において、さまざまなメガイベントの中でも、オリンピックを介して表出するナショナリズムは特異なものである。それが自国開催ともなればどれほど増幅効果を及ぼすのかについて、先んじて議論しておくことが必要である。ただし、ここでもコロナ禍が大きな影響をもたらしている。

ナショナリズムとオリンピックの出会い

ネイションを尊重する思想・規範の一形態であるナショナリズムのもっとも基本的な考え方を提示したアーネスト・ゲルナーは、ナショナリズムを「第一義的には、政治的な単位と民族的な単位とが一致しなければならないと主張する一つの政治的原理である」と明快な説明を加えている。(2) この定義に従えば、スポーツに見られるナショナリズムはネイションとの一体性を高める典型的、かつ効果的事例として分析されることになる。中でもオリンピックやＦＩＦＡ・Ｗ杯などは、ナショナリズムを高揚させる危険な空間として描かれることが多い。

一方で、ナショナリズムの定義は数多く存在し、さまざまな観点から議論することが可能だ。(3) スポーツならではの特殊性を読み込みながら、オリンピックなどとの関わりを分析しようとすると、オリンピックがただナショナリズムを高める存在ではなく、さまざまな政治、社会、文化状況に規定されて生み出されること、また、ネガティブな影響をもたらすばかりではなく、ポジティブに作用することもあり得ることが説明できる。

一八九六年にピエール・ド・クーベルタンが創出した近代オリンピックは、スタート時は規模が小さく、出場国も限られ、個人参加を基本にして始まった。ところが、程なくして、オリンピックはナショナリズムの波に飲まれることになる。平和の祭典と称されるスポーツの競技会が、ネイションの優秀性を誇示するツールになり得ることの発見があったからだ。そのことが象徴的にあらわれた事例が一九〇八年のロンドンオリンピックでの出来事である。(4) この大会では綱引きがオリンピックの正式種目として採用されており、開催国のイギリスはロンドン市警チーム（金メダル）をはじめとした三チームを送り込んだ。これに対して、アメリカは代表チームを送り込んだが、予選でのリバプール市警（銀メダル）との試合で一悶着が起きた。

スパイクを履いて大会に臨んだ市警チームに対して、アメリカはルール違反であるとして抗議したが、市警チームは普段着用しているブーツというルールを逆手にとってスパイクの着用を認めさせた。市警チームはアメリカチームを破り、結果としてイギリスの三チームが金・銀・銅メダルを独占した。

この不合理な決定に怒り、イギリスへの不満を強めていったアメリカの人びとに対して、ヨーロッパで布教活動を行っていたペンシルバニアの牧師であるタルボット卿が述べた「オリンピックは参加することに意義がある」という言葉は、今ではオリンピックを代表するモットーの一つとして語り継がれている。これはこの説話を聞きつけたクーベルタンが、オリンピック・ビレッジに掲げて広まったものである。

これは個人参加の競技会であったオリンピックがナショナリズムの波に飲まれ始めた契機として記述される出来事である。歴史学者のエリック・ホブズボームは、もともとイギリスの階級社会を前提として成立した近代スポーツが、ある階級の楽しみを表現する私的な世界に留まっていたのに対して、オリンピックが設立され、欧米から世界に広まるうちに、競技を通じて国家的な自己主張を行う公的な世界が出現したと述べる。そして、ネイションを代表する若者たちのパフォーマンスが、何百万人もの人びとからなる「想像の共同体」と一体化したのだと論じる。(5)

ここで言う「想像の共同体」とは、政治学者のベネディクト・アンダーソンによって示されたナショナリズムの一定義である。アンダーソンは、ネイション(国民)を「イメージとして心に描かれた想像の政治共同体」であると定義し、ネイションを想像するのがナショナリズムであると論じる。(6)彼はどんな小さな国であろうとも、その構成員は大多数の同胞を知ることも、会うこともできないのにもかかわらず、深い共同意識をもつことができるのはなぜかと問い、そこに新聞など商品としての出版物が発展した、いわゆる出版資本主義が関わっていると説明する。ホブズボームはこの説明を引用して、スポーツが新聞やラジオなどのメディアを通して、人びとにナショナルな感情を抱かせる媒体となったことを論じるのである。

日本とオリンピックの関係性

日本とオリンピックの関係性を歴史的に概観してみると同様のことが言える。一九一二年のストックホルム大会に初参加した日本は、一九二四年のパリ大会から国庫補助を受けて選手派遣を行うようになり、その後の一九三二年ロサンゼルス大会、一九三六年ベルリン大会に大選手団を派遣するなど、ネイションの優秀性を誇示するメダル獲得争いに加わった。そこにはオリンピックでメダルを獲得することが列強諸国に肩を並べるということへの気づきがあったからだ。(7) やがて日中戦争のために「幻のオリンピック」となった一九四〇年の東京大会を国家的イベントとして招致するに至る。(8)

戦後、一九六四年の東京大会の開催は、国際社会への復帰とともに、オリンピックを開催できる先進国の仲間入りを果たしたことを高らかに宣言するものとなった。(9) その後「オリンピック至上主義」という言葉が生まれたように、日本のスポーツ組織、制度はオリンピックを頂点としたシステムに作り替えられていった。スポーツ史学者の坂上康博が指摘するように、戦後の日本はほとんどの期間でオリンピック招致や準備、開催に取り組み続けてきた世界でも希有な国である。(10)

一九四〇年大会の招致を宣言した一九三一年の立候補に始まり（一九三八年に返上）、戦後は一九五二年から一九六〇年大会への立候補が行われ、一九六四年大会の開催まで続く。その後一九六八年冬季大会への札幌の挑戦が一九六一年から始まり、一九七二年の大会開催を経て、一九八四年冬季大会への再挑戦と招致失敗があった（一九七七〜一九七八年）。また、一九八八年大会への名古屋の立候補と招致失敗があり（一九七九〜一九八一年）、一九九八年の長野大会への立候補（一九八五年）と開催、二〇〇八年大会への大阪の立候補と招致失敗が続く（一九九四〜二〇〇一年）。そして、二〇一六年大会への東京の立候補が二〇〇六年から始まり、二〇二〇年への再挑戦を経て開催が決まり、延期となった二〇二一年時点でオリンピックとの関係は続いている。二〇一四年から札幌が二〇二六年の冬季大会に立候補をしていて（後に二〇三〇年大会に変更）、有力候補の一角に数えられている。

東京は三回にわたり招致を勝ち取り、これはロンドン（一九〇八年、一九四八年、二〇一二年)、パリ(一九〇〇年、一九二四年、二〇二四年)、ロサンゼルス(一九三二年、一九八四年、二〇二八年)に並んで夏季大会では最多タイである。[11] そして札幌も一九四〇年(戦争のため中止)、一九七二年に続いて三度目の開催権を勝ち取ろうとしている。

日本がどうしてこれほどまでオリンピック開催を必要としてきたのかについては改めて分析する必要があるが、仮説として以下のものが考えられる。第一に、欧米に広まったスポーツの近代化にアジア地域でいち早く追いつき、トップランナーとしてプレゼンスを示すことに成功したこと。第二に、アマチュアリズムが移入され、企業に支えられることで強固に築かれた戦後のスポーツ文化が、一九七〇年代までアマチュアリズムを前提としてきたオリンピックと親和性が高かったこと。[12] 第三に、戦後復興と平和主義の宣言として一九六四年大会を開催し、国家的な都市開発を実現しながら、それが成功したとする神話が根強く流布していること。[13] 第四に、箱物や道路を建設しながら、国土計画を推し進めていくという日本の「開発主義」の構造が、オリンピックと親和性を持っていることなどが考えられる。

それに加え、一九六四年大会でのメダル獲得と競技観戦、記録映画の鑑賞などが国民に支持され、ネイションの一体感を演出するナショナリズムに開かれたことも大きな要因の一つだろう。[14] 二〇二〇年の東京大会では、一九六四年大会の成功と高度経済成長期の発展神話が目指すべき「栄光の参照点」とされてきたことは多くの論者が指摘している。[15]

ただし、オリンピックを通じて表出されるナショナリズムは日本選手団の成績に影響を受けるため、必ずしもオリンピックとの関係が強いナショナリズムに支配されてきたわけではない。一九六四年大会を目前に控えたインスブルック冬季オリンピックは、メダル獲得数がゼロに終わり、事前の盛り上がりを欠く要因となったことが指摘されている。[16] また、一九六四年大会後に実施された世論調査によると、オリンピックという場で日本選手に「日本の名誉のためにぜひとも勝って欲しい」という意見と、「スポーツを通じて、人間の力の限界をためす場である」とするどちらの意見に賛成かという問いに対して、前者に賛成（またはどちらかと言えば賛成を含む）の意見が三七・五％なのに対して、後者への賛成は五一・六％となっており、一六個という最多の金メダル数を獲得した後においても、自国選手の勝ちに拘泥する態度が優勢とは言えないものであった。[17]

また、一九六四年大会に表出したナショナリズムの背景については、坂上が大会観戦記を寄せた文学者の言説を分析しながら以下のように論じている。[18] それによると、彼らは「新興国のナショナリズム」や自国選手の勝利に対する素朴な喜びを表明しながらも、身をもって体験した戦時下の「狂信的なナショナリズム」を下敷きにしながら、同種の同一化圧力と排他性を拒絶、警戒していたことが明らかとなっている。

メダル獲得によるナショナリズムの表出

オリンピックに表出するナショナリズムはメダル獲得数（順位）によってある程度規定されてくるという仮説が成り立つかもしれない。[19] 図1は日本の金メダル獲得数とその順位を示したものだが、一九六四年東京大会、一九六八年メキシコ大会での金メダル獲得順位は世界の三位、後の二大会でも五位と上位につけていることがわかる。東西冷戦の影響でボイコット合戦が行われた一九八〇年モスクワ大会、一九八四年ロサンゼルス大会を経た後、日本チームの金メダル獲得順位は振るわなくなった。二〇〇〇年以降、例えば「スポーツ振興基本計画」などで、オリンピックでのメダル獲得が国家的スポーツ戦略に位置づけられるようになってから、金メダル獲得順位は上昇傾向にある。[20] 二〇〇四年アテネ大会で獲得した金メダル一六個は最多に並んだが、ＪＯＣは二〇二〇年大会の金メダル獲得目標を三〇個に掲げている。[21] これはリオ大会に換算すると世界の二位になる数字であるこ

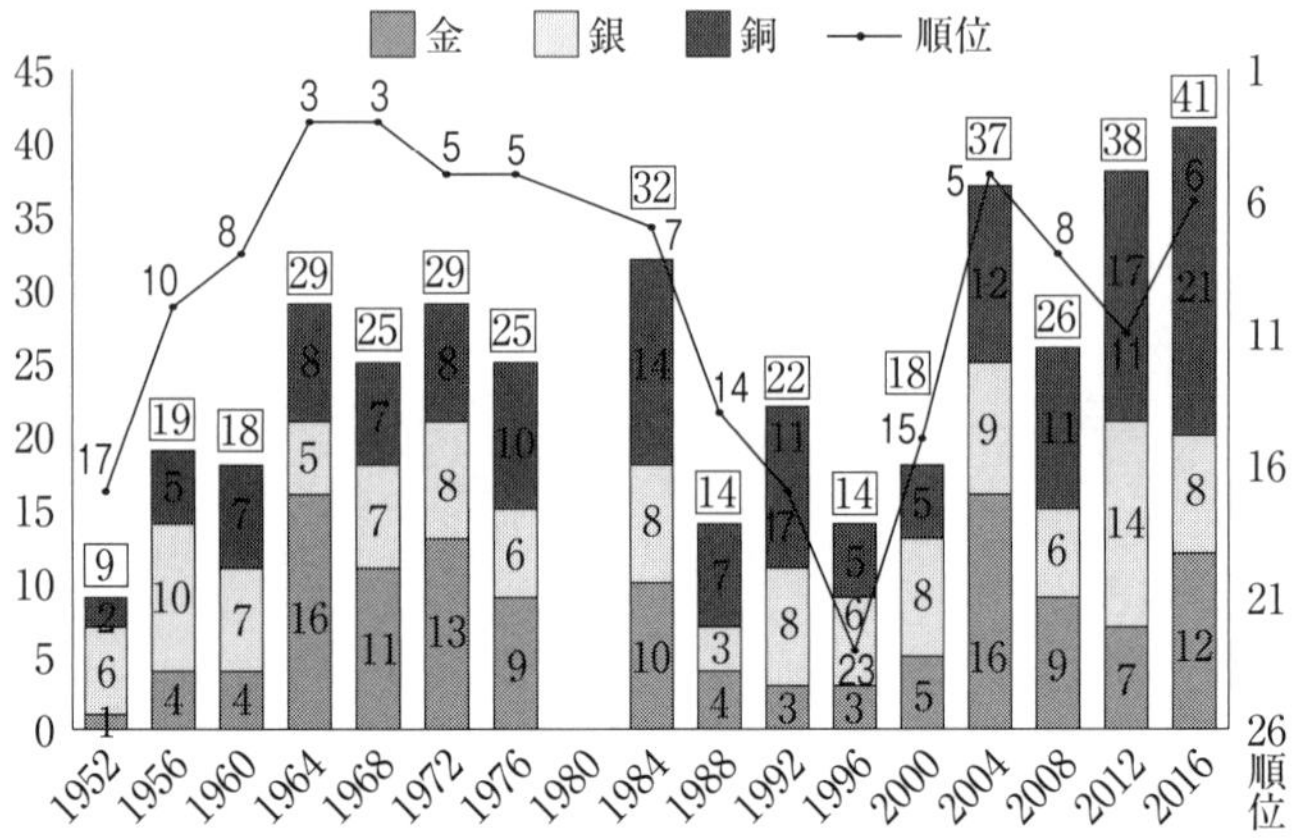

図１　オリンピック夏季大会における日本のメダル獲得数・金メダル順位
注：繰り上がりによる増減はカウントしていない。

とからも、尋常ではない目標であることがわかる[22]。

金メダルを目指して選手や協会が努力を積むことを否定はしないが、目標数を掲げることは、オリンピックの意義に照らして疑問だと言わざるを得ない。オリンピックの憲法とも呼ぶべきオリンピック憲章第六条には、「オリンピック競技大会は、個人種目または団体種目での選手間の競争であり、国家間の競争ではない」、また、第五七条には、「ＩＯＣとＯＣＯＧ（オリンピック組織委員会：筆者追記）は国ごとの世界ランキングを作成してはならない[23]」と記載されており、大会が国家間の競争に落とし込まれることを戒めている。ところが、周知のように、大会期間中に新聞やテレビは連日メダル獲得数と順位を報道し、世界各国と比較した自国の順位を示すことにやっきとなる。

スポーツ界に関して言えば、この大会の成否は自らの組織の浮沈に直結する。多くの人が限られたコンテンツを集中して見る時代は終わりを告げ、テレビ離れも始まっており、注目を集められなければテレビ放映は行われず、苦戦を強いられる時代が二〇〇〇年以降に訪れている。オリンピックを中心に、と言うより過度に依存する日本のスポーツ界の運営システムにおいて、競技種目から外されること、メダルを取れないことは死活問題となる。世界大会を含めた収益のシステムが確立し、有料放送でのテレビ放映権を確保できるサッカーなどを除けば、単独で運営が可能な競技種目はそれほど多くはない。国からの強化費がなければトップで競い合うことすらできなくなりつつある超高度化した現行のスポーツシステムにおいて、多くの競技種目が強化費や運営費の捻出に困難を抱えている。東京大会は注目をあつめる千載一遇の好機で、ここでメダル獲得をすることが各種目にとって至上命題になっていることは間違いない。

東京大会の招致決定後、強化費もさまざまな形態をとって増え続け、年間百億円を超えた。(24) それはメダルラッシュで国民を熱狂させ、大会を成功に導こうという思惑に加え、ここでメダルを逃せば以後の強化・運営費で十分な支援を受けられないという危惧がある。例えば、北京大会で金メダルを獲得した女子ソフトボール競技がこの大会以後、オリンピック種目から外されたことによって強化費を大幅に減額されたことが物議を醸したように、オリンピック競技中心で回っている強化費は組織の浮沈に直結する。また、日本は俗にマイナー種目と呼ばれる、知名度が低かったり、競技者や愛好者が少なかったりする種目に対しても広く強化費を配る制度を維持している。近年金メダル獲得数で隆盛が著しいイギリスは、メダル獲得の可能性がない種目には強化費を積まない極端な政策をとっており[25]、それに比べれば、日本の競技団体はオリンピックによって守られているとも言える。

このようなシステムを構築してきた以上、オリンピック不要論を唱える論者が主張するように、オリンピックをなくせばすべての競技が世界選手権を中心に活性化するというのは幻想である。ここ二〇年ほどで、地上波テレビで見ることのできなくなった競技種目、イベントは数知れない。商業主義の原理からすれば必然ではあるが、テレビ放映で採算のとれない種目は見向きもされなくなるからである。オリンピックが消滅した場合、恐らく多くのマイナー種目はトップアスリートを抱えることすらできなくなり、弱体化していくだろう。オリンピック偏重のシステムの弊害を取り除きながら、このシステムを変化させていくソフトランディングが必要である。

また、日本選手のメダル獲得を最重要課題とする価値観は、スポーツそのものに対する見方を偏ったものにしていくことになる。例えば、リオ大会の競泳男子二〇〇メートル個人メドレーには、メダル獲得を期待された萩野公介と藤森太将という二人の日本人選手が出場していた。圧倒的なスピードでトップを泳ぐアメリカのマイケル・フェルプスではなく、アナウンサーの実況はただ萩野と藤森のメダル争いに向けられ続けた。結果は萩野が銀、藤森が惜しくも四位（日本のメディアではこのように表記される）に終わった。多くの視聴者が注目していたのは日本選手の活躍だが、実はこのレースは、フェルプスが競泳種目で史上初めて、同一種目四連覇という記録的偉業を成し遂げた瞬間だった。彼は北京大会での八冠達成を含む、金メダルを二三個獲得するオリンピック史上最高のアスリートである。一方で、ロンドン大会後に精神的に落ち込み、リハビリ施設に入るなどして、そこから立ち直ってリオ大会を迎えたアスリートでもあった。

日本のメディアに限った話ではないようだが、オリンピックは自国選手のメダル報道と、感動物語を紡ぐことに焦点化される。その結果、アスリートの神格化が引き起こされ、アスリート自身がその落差に苦しむこともよくある。例えば、マイケル・フェルプスは八冠達成後に大麻吸引疑惑が報道され、スポンサーが撤退する騒ぎになった。また、精神的悩みを抱えていたことは、彼の偉業からすれば誰も想像すらしなかったことだろう。近年、私生活に関する問題で活動停止処分を受けたアスリートもいるが、それはメディアによって創られるアスリート像が神格化されていくからである。特に日本では、アスリートは創られた理想的な像に従って選手生活を送ることが求められ、その後も自由な発言を許されない存在になってしまう。東京大会の混乱や難局に際して積極的に発言を行った（元）選手たちがほとんどいなかったことがその証左と言えるだろう。

加えて、メダルを媒介にして国威発揚を目指すあり方は、排外主義などに転化しやすい。社会学者の田辺俊介は、ナショナリズムが純化主義、愛国主義、排外主義の形態をまとうことを示している。(26) 私たちが度々目にするように、さまざまな出自を持つアスリートに対して日本人であるのか否かを確定しようとする風潮、日本選手を応援できない者は日本人ではないとする言説、そして仲間となるメンバーを特定し、そこから排除される者を導き出し、攻撃を仕掛ける言説の流布がこれに当たる。オリンピックが近づくにつれ、「全員団結」というスローガンが使われ始めたのも同種の現象である。東京大会に向けて、組織委員会が作り出した三つのビジョンは、「全員が自己ベスト」、「多様性と調和」、「未来への継承」である。このうち、全員が自己ベストという標語は、オリンピックに賛成／反対に関係なく、否応なしにこの大会に全ての国民を巻き込むことを前提としたものとして当初から評判が悪かった。都市が開催する前提ながら、オリンピックにはネイションの存在が見え隠れする。すなわち、国民にとって、この大会の成功が至上命題とされてしまうのである。加えて、今大会はボランティアの数で史上最高になること、開催数でアジア諸国を上回ること、「おもてなし」に優れた日本の自画自賛など、香山リカがポジナショナリズムと呼ぶ現象も生み出されている。[27]

オリパラ教育に見られるナショナリズム

第四章で見てきた、東京都が展開するオリパラ教育にもナショナリズムを高める仕掛けが組み込まれている。繰り返しになるが、『「東京都 オリンピック・パラリンピック教育」実施方針』には、「平和でより良い世界の構築に貢献する」というオリパラの究極の目標が、「教育基本法」及び「学校教育法」における教育の目標の一つでもある「伝統と文化を尊重し、それらをはぐくんできた我が国と郷土を愛するとともに、他国を尊重し、国際社会の平和と発展に寄与する態度を養う」（「教育基本法」第二条）という文言と親和性が高いと記述される。

東京都のオリパラ教育に導入されたものは、ある種のナショナリズム的な枠組みはそのままに、他国の尊重、国際社会の平和と発展に寄与する態度という「教育基本法」第二条に記された後半部分を、平和を根幹に据えたオリンピズムの理念に接合しようとする試みである。(28)国と郷土を愛することを要請するこの第二条については、祖先文化の再発見と歴史の強調を中心課題とする国家主導型の「創造型ナショナリズム」、そして民族の独自性に関する考え方を維持、促進、強化するために、他民族との境界を強調する「再構築型ナショナリズム」が学校教育を通じて展開される典型例を見いだせる。(29)オリンピックの究極的目標が世界平和であるとして、東京大会でこの理念がどれほど強調されているかを考えてみれば、理念の追求が進められているとは言い難いことがわかる。このことは、世界平和の理念をどのように表現するかに心を砕いた、田畑政治や大島鎌吉などの存在で知られる一九六四年の東京大会との大きな違いである。

大会の開催によって熱狂が生み出されることが想定される中で、オリパラ教育はどのように展開される必要があったのだろうか。それは大会とともに高まるナショナリズムを相対化する視点をどのように学ぶ／学ばせることができるのかという問いである。鍵になるのが、組織委員会が掲げた三つのビジョンの一つ、「多様性と調和」へのアプローチである。そこには「人種、肌の色、性別、性的指向、言語、宗教、政治、障がいの有無など、あらゆる面での違いを肯定し、自然に受け入れ、互いに認め合うことで社会は進歩」と書き込まれている。(30)「全員が自己ベスト」ではなく、「多様性と調和」に結びつけられれば、オリパラ教育は違ったものになったかもしれない。

ここで、二〇一九年に終幕したラグビーワールドカップの日本開催は、ナショナリズムとスポーツの関係性について考える上で一つの補助線を引いてくれる。ラグビーは国籍主義ではなく、所属協会主義をとることから、代表チームの構成はその国の国籍を所有した選手に限られない。四年前の二〇一五年大会と同様、二〇一九年大会も日本チームは外国人との混成で大会に臨み、初めてのベスト・エイトという躍進を遂げた。日本チームの活躍や、自国開催であるということが大きく作用したことは疑いないが、この大会をきっかけに他国チームや選手のプレイに対する注目が一気に高まった。決勝も高い視聴率をあげており、自国選手（チーム）のパフォーマンスに限定されないスポーツの価値に触れることができたと言えるだろう。そのことはナショナリズムの相対化につながる契機となる。(31)

オリンピックが掲げるビジョンのうち、「多様性と調和」はこのような契機にこそ見出される考え方の一つである。社会学者の西原和久が指摘するように、ナショナリズムを相対化する考え方には、一方で、ローカルな文脈で起きる多文化主義（多様な価値の尊重）と間文化主義（多様な価値との共生を求める対話）、他方で、グローバルな文脈で起きるトランスナショナリズム（国境を越え出る経験）とコスモポリタニズム（平等な権利の探求）とを区別しつつ、それらの接点を探ることが必要になる。[32] 多様性と調和を含むスポーツの価値に圧倒的な質量で触れることによって、オリンピックはナショナリズムを相対化しうる可能性を有している。

コロナ禍のオリンピック

以上、オリンピックにおけるナショナリズムの発露について、いくつかの特徴を見てきた。[33] ナショナリズムはネガティブな表情を見せるだけではなく、時に抑制された、好ましい一体感を演出することもある。例えば、二〇一八年平昌大会のスピードスケート競技で見られた、小平奈緒と韓国の李想花との勝敗を超えた関係に代表されるように、オリンピックは国境を越えたアスリートの友情物語を生む。オリンピックの象徴的シーンと形容されるこうしたアスリートの友情物語は、わずかながらもナショナリズムを相対化する契機となりうる。

しかしながら、オリンピックという政治と一体になった、商業主義に依存するイベントは、それをはるかに超え出るネガティブな影響を生み出しうることには注意が必要である。単なるスポーツの総合的大会でしかなかったオリンピックは、世界のメダル獲得争いにネイションを巻き込むことによって、ナショナリズムを生む。そして、スポーツ界のみならず、そのナショナリズムによって政治的な一体感を創り出そうとする政治界や、商業的利益を最大化するためにこの大会を利用する経済界など、ありとあらゆるものによって支えられる。そのことが結果として、オリンピックを頂点とし、過度に依存するシステム（これこそが真の意味でオリンピック至上主義と呼べる）を生み出していくのである。

例えば、この大会は存在感がなくなってきた日本の力を世界に示すことに利用されてきた。また、傾きつつある経済の救世主的存在として位置づけられてもきた。多くの大企業がこぞってスポンサー契約を結び、自社商品の販売に大会ロゴを用いている。また、主要新聞社もオフィシャル・スポンサーとなることで、さまざまなオリンピック批判に対して客観的な視点から報道ができなくなっていることも指摘されている。これらの大会開催につぎ込んだ経費は大会の成功によって回収が目指される。具体的に書けばテレビ放映権料とテレビ視聴率の高まりによる広告収入の増加、関連グッズの売り上げとスポンサー企業のブランドイメージの向上などである。このように、ありとあらゆるものが大会から得られる利益を目論んで組織化されることにこのイベントの特徴がある。

今ひとつ盛り上がりに欠けていると言われてきたオリンピックだが、一九六四年大会がそうだったように、大会が近づくにつれその期待感は高まっていき、大会の開催で人びとは熱狂の渦に巻き込まれることが予想されていた。[34] ところが、コロナ禍に置かれた開催の是非で揺れ動く状況は新たな展開を呼んでいる。その顛末は次章で論じていくが、仮に開催が実現したとしても、全ての人びとを巻き込んだ熱狂は見られそうにない。圧倒的なナショナリズムに支えられることのないオリンピックがどのように展開されるのかについては予想がつかないが、オリンピック至上主義から解放される一つの契機ととらえることもできるだろう。[35] しかしながら、新型コロナウイルスの感染拡大が引き起こされている状況下において、中止や無観客での開催が判断されない理由の一つに、大会が開催されれば、選手の活躍とそれによって引き起こされるナショナリズムが全てを吹き飛ばすはずという期待があることも事実である。次章では、延期から開催に向かっている二〇二一年の動向を追いながら、なぜオリンピックが開催に突き進んでいるのか、そして、開催によって得られるもの、失うものとは一体何なのかについて考察を加えてみたい。

（1）大澤真幸『ナショナリズムの由来』講談社、二〇〇七年、六八ページ。
（2）アーネスト・ゲルナー『民族とナショナリズム』、加藤節監訳、岩波書店、二〇〇〇年、一ページ。
（3）石坂友司・小澤考人編『オリンピックが生み出す愛国心——スポーツ・ナショナリズムへの視点』（かもがわ出版、二〇一五年）、石坂友司「スポーツとナショナリズム」（友添秀則・岡出美則編『教養としての体育原理 新版——現代の体育・スポーツを考えるために』大修館書店、一二六-一二八ページ）などを参照。また、近年のナショナリズムがＳＮＳの相互的＝インタラクティブな関係を通して、単に情報を受け取るだけでなく、発信、共有、拡散されることで情動の共同性を生み出すことも指摘されている（阿部潔『東京オリンピックの社会学——危機と祝祭の２０２０ＪＡＰＡＮ』コモンズ、二〇二〇年、第五章）。東京大会を中止に導こうとする世論の高まりはその影響を強く受けている。
（4）黒須朱莉「近代オリンピックの理想と現実——ナショナリズムのなかの愛国心と排他的愛国主義」、石坂・小澤編、前掲『オリンピックが生み出す愛国心』八六-一一五ページ。
（5）エリック・ホブズボーム『ナショナリズムの歴史と現在』、浜林正夫ほか訳、大月書店、二〇〇一年。
（6）ベネディクト・アンダーソン『増補 想像の共同体——ナショナリズムの起源と流行』、白石さや・白石隆訳、ＮＴＴ出版、一九九七年、二四ページ。

（7）石坂友司「東京オリンピックのインパクト――スポーツ空間と都市空間の変容」（坂上康博・高岡裕之編『幻の東京オリンピックとその時代――戦時期のスポーツ・都市・身体』青弓社、二〇〇九年、九六－一二四ページ）、石坂友司「戦前のスポーツ界の足跡――オリンピック初参加から幻に至るまで」（小路田泰直ほか編『〈ニッポン〉のオリンピック――日本はオリンピズムとどう向き合ってきたのか』青弓社、二〇一八年、八六－一一二ページ）、佐々木浩雄「「日本代表」の誕生（一九一二－二四）――オリンピックへの参加と国家的意義」（有元健・山本敦久編『日本代表論――スポーツのグローバル化とナショナルな身体』せりか書房、二〇二〇年、七八－一〇五ページ）、佐々木浩雄「「日本代表」意識の醸成（一九二八－三八）――オリンピック熱の高まりとナショナル・アイデンティティ」（同上、一〇六－一三四ページ）などを参照。

（8）坂上・高岡編、前掲『幻の東京オリンピックとその時代』。

（9）石坂友司「東京オリンピックと高度成長の時代」（「年報日本現代史」編集委員会編『年報・日本現代史』現代史料出版、第一四号、二〇〇九年、一四三－一八五ページ）、石坂友司・松林秀樹編『一九六四年東京オリンピックは何を生んだのか』（青弓社、二〇一八年）などを参照。

（10）坂上康博「三つの東京オリンピックと歴史研究の課題――忘却と捏造、神話化に抗して」、『歴史学研究』第一〇〇八号、二〇二一年、六ページ。

（11）一九四〇年大会は中止、二〇二〇年大会が延期となっていることから、必ずしも輝かしいオリンピックの歴史を構成しているとは言い難い。

（12）オリンピックとアマチュアリズムの関係性については石坂友司『現代オリンピックの発展と危機　1940－2020――二度目の東京が目指すもの』（人文書院、二〇一八年）の第四章を参照。

（13）この点は石坂・松林編、前掲『一九六四年東京オリンピックは何を生んだのか』で検証した。

（14）この大会では一六個の金メダルを獲得し、これは史上最多タイの記録である。特に「東洋の魔女」こと女子バレーボールチームの決勝戦では、すべてのメディアを合わせて八五％にも及ぶ驚異的な視聴率を獲得するなど、多くの国民が熱狂した。記録映画が創り出した「集合的記憶」については石坂友司「成功神話の内実と記録映画がもたらす集合的記憶」(石坂・松林編、前掲『一九六四年東京オリンピックは何を生んだのか』二二四-四四ページ)を参照。

(15)阿部、前掲『東京オリンピックの社会学』、吉見俊哉『五輪と戦後――上演としての東京オリンピック』(河出書房新社、二〇二〇年)など。

(16)フィギュアスケートの福原美和が五位に入賞しただけであった。日本放送協会放送世論調査所『東京オリンピック』(日本放送協会放送世論調査所、一九六七年、二一-二二ページ)、石坂、前掲「成功神話の内実と記録映画がもたらす集合的記憶」なども参照。

(17)石坂、前掲「成功神話の内実と記録映画がもたらす集合的記憶」三二一-三三ページ。

(18)坂上康博「一九六四年のナショナリズムと東京オリンピック――文学者たちの言説をめぐって」、『一橋大学スポーツ研究』第三八号、二〇一九年、一九-三四ページ。唯一、二〇一六年大会の招致に都知事として名乗りを上げる石原慎太郎だけが、ナショナリズムの確立やオリンピックを通じた民族意識の回復を唱えていたことが特異な主張として明らかにされている。このことは二〇二〇年大会とナショナリズムの関係性を考える上で重要である。

(19)石坂友司「スポーツ・ナショナリズムの現代的特徴――商業主義・グローバル化時代の三つのメガイベント」、石坂・小澤編、前掲『オリンピックが生み出す愛国心』四三-七四ページ。

(20)当時の文部省が策定した「スポーツ振興基本計画」で、メダル獲得率(総メダル数に対する日本の獲得メダル数の割合)をアトランタ大会の一・七%から三・五%に倍増することが掲げられ、「スポーツ振興くじ」(toto)の売り上げ金がスポーツ強化・振興に使われるようになった(同上、五一ページ)。

(21)『朝日新聞』二〇一八年六月六日付。

(22)この大会で日本が獲得した金メダル数は一二個で六位、一位はアメリカの四六個、二位がイギリスの二七個で、三位に中国の二六個が続く。なお、イギリスはロンドン大会開催後、メダル獲得数の上位国に位置付いている。

(23) 国際オリンピック委員会、日本オリンピック委員会訳『オリンピック憲章(二〇一九年六月二六日)』二〇一九年、日本オリンピック委員会ホームページ。

(24) 『朝日新聞』二〇一九年一二月一七日付、WEB版。

(25) 金子史弥「2012年ロンドンオリンピックにみるナショナリズム——スポーツの「国家戦略」化と「多民族国家」をめぐる表象に着目して」、石坂・小澤編、前掲『オリンピックが生み出す愛国心』一八七-二一五ページ。

(26) 田辺俊介編『外国人へのまなざしと政治意識——社会調査で読み解く日本のナショナリズム』勁草書房、二〇一一年。

(27) 香山リカ『がちナショナリズム』筑摩書房、二〇一五年。

(28) オリパラ教育の活動報告では、「日本の伝統、郷土の文化や世界の文化の理解、多様性を尊重する態度の育成」は高校の一部で行われているものの、その他の学校ではあまり実施されていないことが明らかとなっている(友添秀則ほか「二〇一七年度におけるオリンピック・パラリンピック教育実践の取り組み——早稲田大学オリンピック・パラリンピック教育研究センターの担当地域に着目して」、『スポーツ科学研究』第一六号、二〇一九年、七ページ)。

(29) 吉野耕作『文化ナショナリズムの社会学——現代日本のアイデンティティの行方』名古屋大学出版会、一九九七年。なお、この点については、二〇一二年度から始まった中学校保健体育教科における武道の必修化の流れの中で、「伝統と文化」との関係性から議論が行われてきた経緯がある。詳しくは石坂友司「〝武道＝我が国固有の伝統と文化〟を検証する」(『体育科教育』第六五巻第一〇号、二〇一七年、一六-一九ページ)を参照。

(30) 東京オリンピック・パラリンピック競技大会組織委員会ホームページ。

(31) 当然ながら、そこには「愛国主義」、「排外主義」、「純化主義」として表れるナショナリズムの別の側面も生起していることは付け加えておきたい(田辺編、前掲『外国人へのまなざしと政治意識』)。

(32) 西原和久「越境する実践としてのトランスナショナリズム――多文化主義をこえるコスモポリタニズムと間文化主義への問い」、『グローカル研究』第二号、二〇一五年、一 - 二四ページ。

(33) オリンピックと一体化したことで、パラリンピックに見られるナショナリズムも今後強まることが予想される。パラアスリートの活躍は「エイブリズム」(できる方が良いという価値観で人びとを評価すること)によって、偏った見方が提示される危険性も指摘されている(渡正「障がい者スポーツにもたらされるべき変化とは」、日本スポーツ社会学会編集企画委員会編『2020東京オリンピック・パラリンピックを社会学する』創文企画、二〇二〇年、一三〇 - 一五〇ページ)。

(34) 石坂・松林編、前掲『一九六四年東京オリンピックは何を生んだのか』。

(35) JOC理事の山口香は、コロナ禍に直面しながら開催が目指されている東京大会について、金メダル三〇個に代わる目標が必要であることをJOC理事会で訴えた(『日本経済新聞』二〇二一年四月一六日付、WEB版)。ベストな環境で競い合うという前提がもはや崩れていることが理由の一つだが、この大会がナショナリズムを喚起しないかたちでの目標を掲げ直すことは重要な提案である。

第六章　東京オリンピックと二〇二一年

——聖火リレーの開始と大会の行方

二〇二一年三月、ＩＯＣ会長トーマス・バッハの再選が決まり、彼は饒舌になったように見える。五者協議（ＩＯＣ、ＩＰＣ、組織委員会、東京都、政府）において、四月中に判断することで合意に達していた観客数の上限について、五、六月に先送りすることを示唆した。日本国内がオリンピック開催の是非について揺れ動いているのを意に介していないかのようである。

海外からの観客の受け入れについては、新型コロナウイルスの世界的な感染拡大が続いていることから断念し、観客は日本在住者に限定されることが三月に決まった。現実的に難しいことは明らかであっても、海外からの観客を入れないことは、さまざまな人びとの交流によって価値を最大限に高めることができるこのイベントの開催意義に、改めて疑問を投げかけることにもつながった。感染上のリスクから最大の不安要素であった海外観光客の来日が回避されたことで、開催に向けた理解はわずかばかり高まったようだが、国内の感染状況は第三波、第四波に襲われ、まったく予断を許さない状況が続いている。

そのような状況の中、三月二五日に始まった聖火リレーは批判的な意見を投げかけられながらも、各県を回り続けている。近畿圏を中心とする感染拡大が止まらない中、大阪では万博記念公園の中を無観客にしてリレーは続けられた。世論調査に見る、大会を中止、ないし延期すべきとする人の割合は未だに高い数値を示しているが、開催に向けた準備は進みつつある。二月に組織委員会会長の森喜朗の辞任により、橋本聖子オリパラ担当大臣が新会長に就任したことで、二〇二一年初頭から増幅されてきたオリンピックに対するネガティブなイメージは、少しだけ和らいでいるようにも見えるが、聖火リレーが再び複雑な感情を持ちこんでいる。大会は開催までたどり着くことができるのか、コロナ禍に直面したオリンピックの足取りを、二〇二一年初頭から概観していこう。

二度目の緊急事態宣言発出

政府は二〇二一年一月七日に、新型インフルエンザ等対策特別措置法の規定にもとづき、新型コロナウイルス感染症に関する緊急事態宣言を東京都、埼玉県、千葉県、神奈川県の区域を対象として発出した（一月八日〜二月七日）。その後、区域は岐阜県、愛知県、京都府、大阪府、兵庫県、及び福岡県の区域に拡大されたほか、首都圏では宣言期間が三月七日まで延長された。その宣言直後に行われたオリンピック開催に関する世論調査では、感染拡大がオリンピック開催への否定的な見方に直結したと考えられる驚くべき数字が示された。

共同通信社が二〇二一年一月九日、一〇日に実施した世論調査の結果によると、二〇二一年夏にオリンピックを「開催するべきだ」と答えた人がわずか一四・一%で、「再延期するべきだ」が四四・八%、「中止するべきだ」が三五・三%となり、八〇・一%の人が夏のオリンピック開催を望んでいないことが浮き彫りになった。同様の調査結果は朝日新聞社が二〇二一年一月二三日、二四日に実施した世論調査でも出ており（図1）、「二一年夏に開催する」が一一%、「再び延期」が五一%、「中止」が三五%となっている。[1]

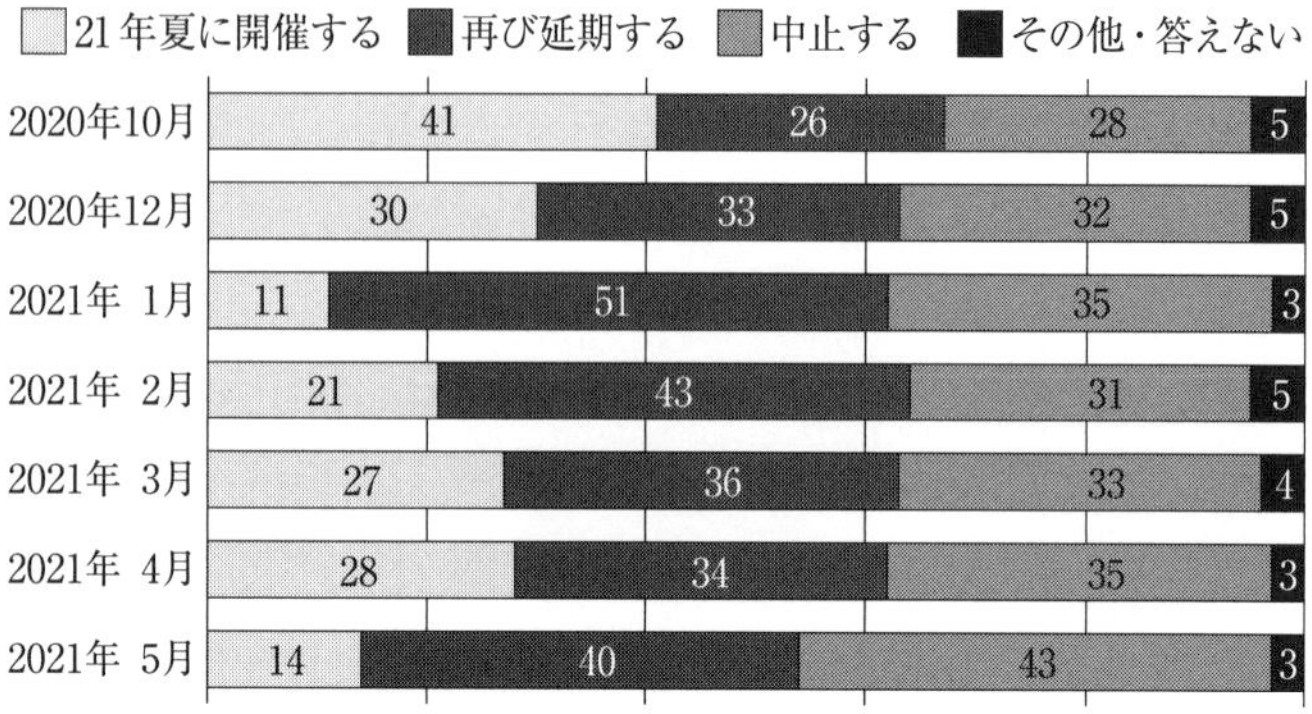

図１　『朝日新聞』におけるオリンピック開催に関する世論調査の推移
出典：『朝日新聞』WEB版より作成。
注：2020年11月はオリンピック開催について問う項目がなかった。

加えて、東京商工リサーチが二〇二一年二月一日から二月八日にかけて、国内企業を対象に実施したアンケート結果によると、「予定通りの開催」を望んだのは一万一四三三社中八八九社の七・七％にとどまり、「開催延期」が三七七八社の三三・〇％、「中止」が二六二四社の二二・九％となり、半数以上の企業が二〇二一年夏の開催に否定的な見解を示している[2]。

緊急事態宣言下でのアンケート調査は、新型コロナウイルスの感染状況が悪化した中で行われたもので、不安な感情を反映したものとも言える。そこで、それ以前の世論調査と比較してみたい。再び、朝日新聞社の世論調査によると（図１）、二〇二〇年一二月一九、二〇日の調査では「二一年夏に開催する」が三〇％、「再び延期」が三三％、「中止」が三二％となっている。さらに二ヶ月遡った二〇二〇年一〇月一七、一八日の調査では、「二一年夏に開催する」が四一％、「再び延期」が二六％、「中止」が二八％となっていて、[3]年末に感染状況が悪化するまでは、二〇二一年夏のオリンピック開催には多少なりとも理解が得られていたとみることもできる。

プロ野球やJリーグなどが中止から無観客開催に、そして第一回目の緊急事態宣言が解除された二〇二〇年五月以降は、屋内施設で入場制限をしながら有観客で開催されるようになり、その上限は段階的に緩和されてきた。九月一九日以降は、イベント参加者の上限人数の五千人が撤廃され、会場の収容率の五〇％まで入場できるようになってきていた。[4]また、世界大会やいくつかのメガイベントも徐々に観客を制限したり、選手に対するPCR検査を密に実施したりすることで開催されるようになっており、コロナ禍でのスポーツ大会実施のノウハウが蓄積されつつあったことも、二〇二〇年末の時点でオリンピック開催に理解が得られ始めていた要因と考えることができる。

ところが、二〇二〇年九月に安倍政権を引き継いだ菅首相は、ウイルスの感染拡大防止と経済の両立を掲げて、観光支援事業「GO TOトラベル」事業などを推進した。一二月に急速な感染拡大が始まったにもかかわらず、年末までこの事業を継続したことも一因となり、年明けには緊急事態宣言の発出を余儀なくされた。二〇二一年の年頭所感では、「今年の夏、世界の団結の象徴となる東京オリンピック・パラリンピック競技大会を開催する」とのメッセージを出したほか[5]、一月一八日に行われた衆参両院本会議での施政方針演説では、「感染症対策を万全なものとし、世界中に希望と勇気をお届けできる大会を実現するとの決意の下、準備を進めてまいります」と述べ、延期や中止の可能性を否定し、感染状況の如何にかかわらず、大会を開催する方針を掲げ続けた[6]。加えて、この施政方針演説では、「人類が新型コロナウイルスに打ち勝った証」としてオリンピックを開催することが述べられた。

前述の世論調査の結果に示されるように、オリンピック開催が不安視されていく中で、自民党幹事長の二階俊博は二〇二一年一月五日の記者会見で、「開催しないということのお考えを聞いてみたいくらいだ」と発言するなど[7]、火に油をそそぐ発言を行った。また、組織委員会会長の森喜朗は一月一二日に行われた年頭挨拶で、「淡々と予定通り、進めていくという以外にお答えする方法はない」と述べた[8]。政治家出身の会長らしく、迷いを見せたり、ネガティブな発言をしたりすることで多方面に及ぼす影響を考慮した発言ともとれるが、森は明らかに人びとの反応を読み違えたと言ってよい。

この年頭挨拶の直前に共同通信社が実施したアンケート調査の数字を念頭に、森は「コロナの騒ぎの中で五輪をやるかどうかと聞いたら、答えようがない。今の時期に聞いたらこういう数字が出る。それでも六割は中止じゃないことはうれしい」と述べたが、(9) その数字は今夏実施すべきという人（一四・一％）と、再延期するべきとした人（四四・八％）を足した数字だった。世論調査の結果を素直に読めば、この時点で「再延期すべきだ」と「中止するべきだ」（三五・三％）を足した八〇・一％の人が、夏のオリンピック開催を望んでいないことの方が社会的インパクトは強い。緊急事態宣言下でのアンケート調査であることは差し引いたとしても、多くの人がオリンピック開催を不安視し、今夏の開催を絶望的に見ていたことを軽視した発言である。この後二月に、森は「新型コロナウイルスがどういう形だろうと必ずやる」(10) と述べるなど、世論を気に掛けているとしながらも、世論に背を向ける発言を続けた。

この発言に抗議して、お笑いコンビ「ロンドンブーツ一号二号」の田村淳は聖火リレーのランナーを辞退することを公表した。田村の辞退を皮切りに、森の発言と彼が代表するオリンピックのあり方に抗議するボランティアの辞退が相次いだ。これに対して二階は、これらの動きは瞬間的なもので、落ち着いて静かになったら、その人たちの考えもまた変わると発言し、加えて、「また新たなボランティアを募集する、追加するということにならざるを得ない」と述べ[11]、オリンピックの価値を下げ続けた。このように、二〇二一年初頭から、オリンピック開催の是非は、森の発言に注目が集まったことで完全に誤った方向に導かれていた。

森会長の舌禍問題とジェンダー平等

そのような状況下で引き起こされたのが森の舌禍問題である。二月三日にJOCの臨時評議員会に出席した森は、「女性がたくさん入っている理事会の会議は時間がかかります」と発言し、後に辞任に追い込まれた。四〇分に及んだとされる森の発言は、日本ラグビーフットボール協会（ラグビー協会）に対する自身の権威、オリンピックにまつわる開発と日本スポーツ協会の移転をめぐる内幕の吐露など、多くの問題を含んでいるが、批判の焦点になったのは女性蔑視の発言だった。

全文が公開されているので、ここでは主要な発言のみを見ていくことにしたい[12]。まず、「うちの恥を言います」として、ラグビー協会のことだと示唆しながら、スポーツ庁が定めたガバナンスコードによって女性理事を四割にすることについて以下のように語った。協会では五名の女性理事を置いているが、「女性は競争意識が強い」ために、一人が手を挙げると皆が発言して会議に「倍の時間」がかかる。数を増やす場合は時間を規制しないと困る。

競技団体に健全運営を促す国の指針であるスポーツ団体ガバナンスコードは、一三の原則から成り立っており、その中の原則二では、「外部理事の目標割合（二五％以上）及び女性理事の目標割合（四〇％以上）を設定するとともに、その達成に向けた具体的方策を講じること」を掲げている。(13) このガバナンスコードは、スポーツの価値を毀損しかねない不祥事の発生を防ぎ、スポーツの価値を一層高めていくために、スポーツ庁が二〇一九年六月に策定したものである。ガバナンスコードは強制力を有するものではないが、実効的な運用が目指されていて、各競技団体が種々取り組みを開始している。森の発言は四割の女性理事を確保することが弊害を生むと暗に述べている。

森が二〇一五年まで会長を務めていたラグビー協会で女性初の理事に就任した新聞記者の稲沢裕子や、現在理事を務める法学者の谷口真由美らが相次いで批判の声をあげた。稲沢が理事として起用された経緯は、二〇一三年に引き起こされた女子柔道のパワハラ問題や、レスリングがオリンピック種目から外されかかったことを踏まえ、閉鎖的な日本のスポーツ組織を変えるために、女性理事がほとんどいない状況の改善が目指されたことによる。ラグビー協会では、二〇二〇年度の二四名の理事のうち女性理事は五名となっていて、少しずつ女性理事の割合は増えている。今回の発言からすると不思議なことではあるが、森が二〇一九年四月に名誉会長を退任した際に、若返りと役員の刷新を求めたことがきっかけとなり、女性理事が二名から五名に増加したという。(14) 依然として女性比率は二割にとどまっているものの、ほとんど女性理事が存在しなかった組織にあっては着実な一歩となっている。

次に、組織委員会には女性理事が七人くらいいるが、「みんなわきまえて」いるので、きちんとした的を射た発言をしているという発言である。この発言は女性は「わきまえて」黙っていることが望ましいととれる内容であり、男性優位の組織的あり方を押しつけるものに他ならない。後の謝罪会見で、森は自身は組織委員会の長で、女性理事に対する発言は組織委員会について発言したものではなく、責任を問われるのはおかしいという趣旨の発言を重ねている。

女性は発言が長いと述べつつ、議事進行になかったと自身が認める挨拶で四〇分を話すという論理矛盾をさらけ出しながら、これらの発言は行われた。女性蔑視の発言部分では笑いが起きたとされ、その場に同席していたJOC会長の山下泰裕も後に会見を開き、「女性蔑視と受け取れる発言は、いかなる種類の差別も認めないオリンピズムの根本精神に反する。極めて不適切だったと強調したい」と釈明した(15)。

森発言が批判される論点はいくつかある。第一にオリンピックは創始された時代から女性アスリートを排除する歴史的、社会的背景を有しており、オリンピズムの理念を創設したピエール・ド・クーベルタンですら、女性が行うスポーツに観客を魅了するスペクタクルを創り上げることはできないと言明していたことが知られている(16)。オリンピックの一二〇年以上にわたる歴史は、ジェンダー平等(Gender Equality)を実現するための闘争の歴史でもあった。東京大会では全選手のうち四八・八%(パラリンピックでは四〇・五%)が女性アスリートであり、あくまでも数字の上での話だが、徐々に女性の出場機会が確保されつつある。

オリンピックにおけるジェンダー平等実現の歴史とともに、IOCはオリンピック憲章において、いかなる差別も認めない方針を掲げている。オリンピック憲章の「オリンピズムの根本原則」第六項には、「このオリンピック憲章の定める権利および自由は人種、肌の色、性別、性的指向、言語、宗教、政治的またはその他の意見、国あるいは社会的な出身、財産、出自やその他の身分などの理由による、いかなる種類の差別も受けることなく、確実に享受されなければならない」[17]と書き込まれている。また、ＩＯＣが二〇一四年に定めたオリンピックの中長期計画を示す「アジェンダ２０２０」の提言11には、「男女平等を推進する」とあり、「ＩＯＣは国際競技連盟と協力し、オリンピック大会への女性参加率五〇％を実現し、オリンピック競技大会への参加機会を拡大することにより、スポーツへの女性の参加と関与を奨励する」と書き込まれている。[18]森発言はその歴史や社会的取り組み、そしてＩＯＣが掲げる理念に逆行するものであった。

また、東京大会はそのビジョンにわざわざ「多様性と調和」という言葉を掲げている。ここには、「オリンピズムの根本原則」を継承し、この大会を通じて多様性と調和の重要性を認識し、共生社会をはぐくむ契機となることが目指されている。森発言はオリンピックに付与された歴史や社会的意義と逆行することになり、批判が向けられたのである。

第二の問題は、ジェンダー平等が実現してこなかった必然として、多くの競技団体役員は男性で占められていることである。ガバナンスコードが四〇％の女性理事の実現を掲げたのはそのことを改善する取り組みであるものの、女性は圧倒的多数の男性理事の中で発言を求められることになる。加えて、競技団体の役員はこれまでの競技力や実績によって選ばれることが多く、発言力も強いことは想像に難くない。森はそのような前提にたって、女性は「わきまえて」発言すべきと言っていることが大きな問題である。

このことに関して、社会学者の伊藤公雄は、女性がいると会議が長いという発言以上に、「女性理事四割は、文科省がうるさく言うんでね」の発言部分が実は問題であることを指摘し、これはジェンダー平等を目指して取り組む政府の方針を止めるために発言したことは明らかで、組織委員会のトップとしては深刻ではないかと批判した[19]。伊藤はオリンピックの開会式で見られる入場行進において、日本は役員が男性ばかりであるために、男女のバランスの悪さが際立って見えることを指摘し、「日本のジェンダー平等の離陸の失敗」を示す象徴的な場面だと述べている。

ちなみに、失言の舞台となったJOCの評議員会を構成する評議員は六三人いて、そのうち女性は二人（約三・二％）にとどまっている。組織委員会は三三人の理事のうち七人（約二一％）が女性で、後に一二人の女性理事が追加され、女性比率は約四二％に引き上げがった。

第三の問題は、話が長いという個人的な属性を女性一般の問題として取り上げたことである。いかに否定しようとも、森には女性に対する蔑視の意識があるとまでは言わないが、明確なジェンダーバイアス（男女役割に関する文化的に固定された観念や無意識の偏見）が形成されている。経団連会長の中西宏明は森発言を擁護して、日本社会にはそういう本音のところが正直言ってあると発言し[20]批判を浴びた。このことに関連して、年齢的に森が培ってきたジェンダーバイアスはある程度仕方がないという擁護論も聞かれるが、オリンピックという世界的なイベントで、国や国際的な都市をまとめあげる組織委員会の長がそのような見識で許されるわけではない。

特に海外メディアはオリンピックを代表する組織委員会会長がセクシズム（性別にもとづく差別）発言を行ったことを、世界経済フォーラム（ＷＥＦ）が二〇一九年に公表した日本のジェンダーギャップ指数[21]の低さ（一五三国中一二一位）とともに報道した。また、政府は「指導的立場の女性を二〇二〇年までに三割にする」という男女共同参画政策の二〇二〇年までの目標達成を断念していて、世界的に見ても日本はジェンダー平等の後進国に位置づけられている。ここでは、オリンピックという、建前上理念を重要視しているイベントのトップとして森がふさわしいのかということが問われているのである。一方で、森自身が老害と表現したように、エイジズム（年齢に関する偏見）によって森を批判することは誤りである。

第四に、謝罪会見の態度をめぐる問題がある。森は自身の発言については、「オリンピック・パラリンピックの精神に反する不適切な表現」であったとし、「おわびをして訂正撤回する」と述べた(22)。そのうえで、「世界のアスリートを受け入れる都民、国民、それからIOC、IPCはじめ、国際的な関係者にとっても、オリンピック・パラリンピック精神に基づいた大会が開催できますように引き続き、献身して努力していきたい」と辞任の意向がないことを示した。その後の質疑で記者から、オリンピック精神に反する発言を行った会長としての資質を問う声が投げかけられたが、十分に釈明することなく会見場を後にした。問題だったのは、その夜に出演したテレビ番組において、女性の話が長いことは根拠がないわけではないこと、それを外国で説明するわけにいかないので、撤回した方が早いという趣旨の発言を行い、海外メディアが騒ぐので撤回したことを悪びれずに発言した。

森発言の余波

森発言は国内外に波紋を呼んだ。国会では菅首相が「あってはならない発言」とし、

「国益にとって芳しくない」とまで踏み込んだ発言を行った。小池百合子都知事は「私自身も絶句したし、あってはならない発言だ」と批判し、「オリパラを安全安心に進めるのが私のミッションであり、組織委員会のミッションだとすれば、大きな事態に直面している」と重大な問題認識を示した(23)。

SNSでは「Twitter を中心に「#わきまえない女」というハッシュタグが立ち、森発言を批判するとともに、その発言を逆手にとって、わきまえずに発言していくという対抗言説が生み出されていった。伊藤は、ジェンダー平等の流れは日本の社会にも潜在的にあり、見えないところでは地殻変動が起きており、森発言がその臨界点になるのではないかと指摘しているが(24)、事態はそのように動いていった。

森や組織委員会は謝罪を行い、発言を撤回したので会長の続投は問題ないとの認識を示した。IOCも当初は同様の見解を示し、この問題は解決済みであると認識していると談話を発表していたが、それから五日後には「森会長の発言は極めて不適切で、IOCが取り組む改革や決意と矛盾する」とする声明を発表した(25)。この背景にはIOC委員の抗議があったこと、スポンサーからの抗議があったことが判明している。カナダのIOC委員で、女子アイスホッケーとソフトボールの代表として六度オリンピックに出場しているヘイリー・ウィッケンハイザーは自身のツイッターで、東京の朝食会場で彼を追い詰めると投稿し話題となった。ＩＰＣ会長のアンドリュー・パーソンズは、今回の国内外の反応がジェンダーにとどまらず、人種、セクシュアリティ、障がいをもつ人びとといった多様性と包摂に重きを置く社会の実現に役立てば良いとの期待を述べた[26]。

また、オリンピックの収益の七割を稼ぎ出すテレビ放映権を支えているアメリカのテレビ局ＮＢＣは、オリンピック批判の政治学者として知られるジュールズ・ボイコフのオピニオン記事を掲載し、「彼は去らねばならない」とタイトルを付けた[27]。ボイコフは「森は聖火を落とした」と皮肉った後、ＩＯＣが森の発言を非難することで、男女平等に対する自らの取り組みを誇張しようとしているが、そのＩＯＣにも性差別の歴史があることを指摘したうえで、「鍵となるのはＩＯＣが正しい行いをして、森を辞任に追い込めるかである。無礼な行いを無視すると、さらなる無礼な行いが増えてしまう」と主張した。ＮＢＣがオリンピックの開催自体に批判的なボイコフに寄稿させた意見は、このままではスポンサーは支持できなくなるという明確なメッセージとしてＩＯＣに届けられたと考えられる。

最初は傍観姿勢を取っていた日本国内のオリンピックスポンサーも次第に批判的コメントを打ち出していった[28]。中でもオリンピックの最高位スポンサー「ワールドワイドオリンピックパートナー」の一つであるトヨタは、「今回の大会組織委員会のリーダーのご発言はわたしたち、トヨタが大切にしてきた価値観とは異なっており、誠に遺憾だ」とする、異例とも言える豊田章男社長のコメントを早々に出した。(29) トヨタはホームページで、オリンピック、パラリンピック、そしてスペシャルオリンピクスとワールドパートナーシップを締結したことについて、「カイゼン」や「人間性の尊重」という企業風土は、オリパラやスペシャルオリンピクスが目指す理念に共感するものであると記していて、「トヨタの想い」は「スポーツを通じた平和で差別のない社会づくり」と「モビリティを通じた持続可能な社会づくり」であると掲げている。(30) 社長の豊田は、当初組織委員会の副会長として就任していた経緯があり、二〇一五年に起きたエンブレムの白紙撤回問題を受けて発足した改革チームの座長を務めるなど、手腕を期待されながら突然辞任していて、かねてから組織委員会との理念のズレが指摘されてもいた。

これを受けて、組織委員会は評議員と理事を集めた臨時の合同懇談会を二月一二日に開催することを決め、森発言や男女共同参画に関する取り組みについて意見を聴取することで、批判をかわそうとした。ところが、小池がトップ級の四者会談を欠席する意向を表明し、実質的に森との対話を拒んだこと、ＩＯＣが一転して批判に転じたことから、辞任やむなしに追い込まれ、結果としてこの懇談会が辞任表明の場となった。

後任の会長人事をめぐっても大混乱が引き起こされた。森がほぼ禅譲のようなかたちで後継を指名し、組織委員会評議員で、元日本サッカー協会会長の川淵三郎の名を挙げたことが一斉に批判を浴びた。川淵が以前から他国排斥ともとれる発言を行っていたことから、組織委員会の長としては不適であるということ、人選方法に問題があり、イメージ回復が図れないとする見立てなどがあり、萩生田光一文科相や加藤勝信官房長官が透明性のある手続きではないことを批判するなど、官邸からも難色を示された。受諾することを前向きに表明していた川淵は結果として白紙撤回に追い込まれた。

後任会長は組織委員会名誉会長の御手洗冨士夫を委員長とする、男女同数のオリンピック、パラリンピック経験者を主体とする候補者検討委員会が立ち上げられ、非公開の選考が行われることになった。非公開の選考方法にも再び批判が集まったが、検討委員会はその時のオリパラ担当大臣で、七度のオリンピック出場経験をもつ橋本聖子を新会長に選出した。橋本は大臣を辞任して就任し、その後野党の批判を受けて、政治的公平性を担保する趣旨から自民党を離党した。オリパラ担当大臣は過去に大臣を務めた丸川珠代が再就任した。

スポーツ界の覇権争いと政治からの自律性喪失

オリンピックをめぐる組織間の関係性についてはすでに見たが、東京オリンピックの開催によって、日本のスポーツ界をどの組織が統轄するのかという、界の覇権（ヘゲモニー）をめぐる闘争が起こされてきた。これは明治期にスポーツが輸入されて以来何度となく繰り返されてきたことでもある。[31] 例えば、嘉納治五郎が創設した大日本体育協会（後の日本体育協会、現在の日本スポーツ協会）が幾度の規約改定を繰り返してきたのは、パトロン的支援者の存在を中心に成立していたスポーツ界が、各種競技団体の成長・発展によって競技団体を統括する総合団体に改編していく過程であった。[32] また、ボイコットのため出場できなかったモスクワ大会の反省から、日本体育協会の組織の一部であったJOCが一九八九年に分離独立を果たしたこともそのような闘争として理解できる。JOCの独立は、スポーツのグローバル化によって、国内最高峰の大会であった国民体育大会が価値低下を起こす過程と相まって、その大会を管轄する日本体育協会の権力基盤が揺らいでいた一方で、オリンピックでのメダル獲得を重視する国家的政策によってJOCが覇権を強めていく流れと符合する。これ自体が日本のスポーツ界をめぐる重要な分析課題となり得るが、そんな中、スポーツ組織の覇権争いの構図を変化させたのが東京オリンピックである。

森の舌禍発言による辞任騒動はこの覇権争いと無縁ではない。森はラグビー協会の会長（二〇〇五～二〇一五年）をしながら、日本体育協会会長（二〇〇五～二〇一一年）も務めてきたが、国家的なスポーツ政策によって相対的優位に立ったJOCには必ずしも力を及ぼすことができずにいた。[33]くだんの森発言はJOCの入るジャパン・スポーツ・オリンピック・スクエアの立派さを組織委員会の建物と比較するところから始まった。

オリンピック開催とともに演じられていたのは、JOCを単なるオリンピックへの選手派遣団体に格下げすることで、その権力基盤を削ぎ、代わりに日本スポーツ振興センター（JSC）を中心とした新たな国家的スポーツ政策の構図を作り出すことにあった。JSCはスポーツ振興くじtotoの売り上げを配分する組織で、国立スポーツ科学センターやナショナルトレーニングセンターなどとハイパフォーマンススポーツセンターを通じて連携する組織である。[34]

ザハ・ハディド案の撤回など、新国立競技場の建設問題で数々の失態を演じたJSCは、[35]二〇一四年度の業務評価で文科省から独立行政法人の制度導入後初となる総合評定D評価（抜本的改善が必要な最低ランク）をつけられた組織である。[36]その後二〇一七年度の評価ではB評価までに改善したが、二〇一八年一〇月の「第三期中期目標期間における業務の実績に関する評価」（二〇一三～二〇一七年）ではC評定がつけられている。二〇二一年現在、組織委員会で副会長を務める河野一郎は、二〇一六年の東京オリパラ招致委員会の事務総長を務めた人物で、新国立競技場の建設問題が持ち上がったときにはJSCの理事長（二〇一一～二〇一五年）を務めていた。河野は森のラグビー人脈の一人として知られ[37]、新国立競技場建設をめぐる混乱の責任を取って理事長を辞任したが、組織委員会などで要職にとどまり続けている。

日本のスポーツ界を統括する組織を、スポーツ振興くじを差配するJSCを中心に再構築するという目論見は、国家的スポーツ政策の方向性としてはあり得るが、組織の実力と体制が伴っていない中での改編は不可能であった。新国立競技場の建設問題を事例に見てみると、その混乱ぶりが明確となる。ザハ案の白紙撤回後、どこに問題が生じていたのかについて検証する新国立競技場整備計画経緯検証委員会が設置され、関係者のヒアリングなどから報告書がまとめられた。

「新国立競技場整備計画経緯検証委員会検証報告書」は、一連の混乱を招いた要因として、コスト増を招いた集団的意思決定システムの弊害、国家的プロジェクトであるにもかかわらず既存の組織・既存のスタッフで対応してしまったプロジェクト推進体制の問題、国家的プロジェクトに対する国民理解の醸成ができなかった情報発信の問題の三点を指摘している。(38) 報告書では、そもそもＪＳＣの設置本部長には重要事項についての実質的決定権限がなかったこと、建設工事の専門家をほとんど含んでいないＪＳＣ理事長の諮問機関である有識者会議（「国立競技場将来構想有識者会議」）で多くのことが決められていたこと（本来は諮問を行う立場の有識者会議が意思決定の承認機関になっていた）、建設工事の担当経験がないＪＳＣや所管の文科省が既存の縦割り組織で対処したことの弊害が指摘されている。ちなみに、この有識者会議には、ラグビー協会会長、衆議院議員という肩書きで森も参加している。そして、その責任の所在はＪＳＣ、ひいてはその組織の長たる理事長にあると断言されていて、「ＪＳＣは当事者としての能力や権限が無いにもかかわらず、大変に難しい工事である本プロジェクトを引き受けてしまい、さらには引き受けた後、適時適切な体制を作らなかった」と断罪されている。(39)

ザハ案が白紙撤回された後、政府は関係閣僚会議（議長は遠藤オリパラ担当相）を設置し、官邸主導での建て直しを図った。(40) 主導権は国土交通省に移り、「官庁営繕部」から設置本部統括役が就任するに至り、先に述べたＪＳＣの厳しい業務実績評価へとつながっていくのである。元東京都知事の猪瀬直樹は自著で、組織委員会をはじめJSCの人事を森の「お友だち内閣」と述べ、ガバナンスの欠如を痛烈に批判している。[41]

一方のJOCはと言えば、東京大会に際してその存在感を示せずに来た。JOCの前会長竹田恆和（二〇〇一～二〇一九年）はIOC委員（二〇一二～二〇一九年）も務め、東京大会の招致に関わってきたにもかかわらず、彼の代表するJOCの組織的あり方に対しては、彼のリーダーシップ不足から来る問題、ガバナンスをめぐる問題などが指摘されている。このことは森が実名を挙げて批判していることでもある。[42]また、日本人としてもう一人IOC委員に選出されている、国際体操連盟会長の渡辺守成は毎日新聞のインタビューに答えて、JOCが組織としてオリンピックによって何を目指したいのかが見えないと厳しいコメントをしている。[43]渡辺はJOCが東京大会の目標に掲げる三〇個のメダル獲得目標についても、つぶれる選手を生みパワーハラスメントの温床となることを弊害として指摘している。

竹田は二〇一七年にIOCの七〇歳の定年を迎えながら、例外として東京大会までの延長を理事会で許可され、JOCの会長職でも、任期が切れる二〇一九年六月以降も継続する意欲を見せていた。ところが、フランス当局が捜査を進める東京大会招致における買収疑惑に絡んで、任期満了とともに退任に追い込まれ、ＩＯＣ委員も辞任した。本来なら大会開催前年のＩＯＣ委員の辞任はＩＯＣに対する橋頭堡を失うことになり、大会開催国としては大変なダメージとなるはずである。辞任をしなければならない事情が生じていたこと、すなわち招致にまつわる不適切な行為が行われた疑いは現在でも払拭できていない。当然のことながら、裏金が動いたとすれば、会長としての責任にとどまらず、大会招致の正当性が揺らぐことになるが、全容の解明は進んでいない(44)。

以上のように、東京大会の開催は日本のスポーツ組織のあり方に揺らぎを与えたが、根本的な解決を導くことなく、森の辞任によって方向性が見えなくなりつつある。また、スポーツ界の成立とともに課題であり続けた政治からの自律という問題は、組織的ガバナンスのあり方とともに未だに答えがみつかっていない(45)。このことは東京大会が残した大きな課題と言えるだろう。

聖火リレーの開始

新会長に就任した橋本は、早速難しい舵取りを迫られた。二〇二一年三月二五日に福島のＪヴィレッジからスタートする予定の聖火リレーについて、中止、開催の判断が必要となった。聖火リレーはオリンピック開催の気運醸成を目指して実施されるイベントで、約一万人のランナーが全国をリレーする。緊急事態宣言は解除されたものの、依然として感染者数は減少には向かわず、二〇二一年夏の開催が難しいとする世論がある中、リレーの開催が批判に晒されることは目に見えていた。

聖火リレーは全国の都道府県をつなぎ、それぞれの地域出身のタレントやアスリートなど、いわゆる有名人ランナーを多く配していた。人を集め、注目を集めるためのイベントが、密を回避する社会的状況と両立しないのは明白である。それでも組織委員会はリレーを行うことを決め、安全を確保する方策として、アテンドのスタッフ、観覧者にはマスクの着用を義務づけ、警備員を配して密にならないように呼びかけを行うこと、リレー区間の短縮やルート変更などを行う対策をとった。また、なるべく現地での観覧を行わず、ＮＨＫが行うライブストリーミング放送を視聴するように呼びかけた。この状況下で開催を決めた以上はやむを得ない措置とは言え、人を呼ぶためのイベントに人を集めないように呼びかけるという矛盾がはらまれている。

これに対して島根県知事の丸山達也は、協定内容が異なるとして組織委員会に是正を求める催告書を送るとともに、東京都と政府が十分な感染対策を講じていないことや、コロナ禍で打撃を受けた飲食店への支援に地域差があるなどと訴えて、島根県でのリレー中止の検討を行うと表明した。[46]

聖火リレーの実施には多くの疑問、批判が投げかけられ、走る予定だった有名人ランナーの辞退が相次いだ。その理由の多くはスケジュールの都合がつかないというものだったが、批判が向けられるイベントに参加することでイメージダウンを懸念したものとみられる。そのような状況のもとで、一年延期された聖火リレーがJヴィレッジから開始された。式典には小池都知事、橋本組織委員会会長、丸川オリパラ担当相が参列し無観客で行われたが、参列者の密を避けるために大幅に縮小された規模で行われた。奇しくも、ステージに並んだ三組織のトップは全員女性となった。橋本会長は「聖火が一万人のランナーでつながれていく。つなぐ思いは絆となり、社会が困難を乗り越えていこうとする連帯の力になる」と挨拶を行った。[47] なお、東日本大震災から一〇周年の節目に行われた追悼式の式辞で、復興オリンピックの文言を省いた菅義偉首相はこの式典を欠席した。

リレーの第一走者は二〇一一年のFIFA女子W杯で優勝した「なでしこジャパン」のメンバー一五名と佐々木則夫監督が務めた。「なでしこジャパン」は東日本大震災で被災した二〇一一年七月に、W杯で初優勝を果たして人びとを勇気づけ、復興の象徴的存在となっていた。トーチに点灯した岩清水梓が先頭となって隊列を組んだメンバーは、Jヴィレッジをゆっくりと出発し、聖火は第二走者の中学生に引き継がれた。

復興の象徴として被災地の福島から始められた聖火リレーは、大きく二つの点で批判を受けることになる。第一に、選定されたルートが短く限定的で、復興が成し遂げられた表通りのみを通り、復興が進まない様子を隠しているというもの。第二に、復興オリンピックと言いながらも、厳粛な雰囲気とはほど遠い、スポンサーの宣伝カーのお祭り騒ぎが展開されたことに対する批判である(48)。このイベントはスポンサーが主催となってランナーを募集しているイベントであり、ランナーの「思い」に企業イメージを重ね合わせるイメージ戦略が展開されることになっていた。ところが、コロナ禍の聖火リレーは密対策が施され、声援も制止される中でのイベント実施であることから、お祭り騒ぎ的なイベント開催は歓迎されなくなった。スポンサー四社の宣伝カーが連なって、DJやダンサーとともに盛り上げを図っている状況がSNSなどで紹介・拡散され、違和感や批判を持って受け止められたのである。せめて被災三県だけはスポンサーの露出を控えるなどの配慮があれば印象は異なったと思われるが、聖火リレーは最初からつまずいた。

しかしながら、地元の人びとからはさまざまな思いが表明されていて、復興の現状を知ってもらいたいとするランナー、被災地からのリレーのスタートに期待を寄せる人、どこか置き去りにされたような感情を表明する人など、それぞれの地域や立場によって見え方が異なる。(49) 第三章で述べたように、復興オリンピックを掲げた意味を今一度見つめ直すのであれば、ありのままの被災地の様子を見せることが必要だったはずである。

ところで、聖火リレーのランナーは公募され、志望動機や経歴などをもとに選考が行われている。このイベントは一九九二年から関わっているコカ・コーラ社を中心として、スポンサー料を支払った四社（他にトヨタ自動車、日本生命、ＮＴＴ）が聖火リレープログラムの最高位であるプレゼンティングパートナーとなり実施される。(50) このプレゼンティングパートナーはランナーの募集・選考を行えるほか、聖火リレーのエンブレムを用いたプロモーション活動を展開できる。ちなみにパラリンピックのプレゼンティングパートナー契約はＬＩＸＩＬが締結している。

ランナーの多くは顧客なども含まれるとみられるそれぞれのスポンサー枠で選考されていて、自治体が募集したランナーはわずかである。例えば、オリンピック開催都市の経験をもつ長野県は、走行したランナー総数一八〇名に対して、県実行委員会選出のランナーが五〇名となっていて、それ以外はスポンサー枠での選出となる。また、各自治体は開催契約を結んでいて、警備費用など開催にかかる経費が税金から支出されているものの、自らの判断で中止を決めることができない立場にある。このことはオリンピックの開催権を持つＩＯＣと東京都、政府との関係と似ていて、スポンサーが優越するイベントであると言える。

社会状況から批判されることになったこのイベントだが、別の側面からも考察が可能である。ＮＨＫのライブストリーミング特設サイトには、参加したランナーの志望動機が二種類書かれていて、動画とともに見ることができる。一つは二〇二〇年大会用に書かれたもの、そして、延期後に二〇二一年のリレーに向けて書かれたものである。そこにはなぜランナーとして走りたいのか、オリンピックにどのような思いを託したいのかという動機に加え、大会が一年延期されたことによる困難、この状況下でランナーとして走ることの葛藤がそれぞれつづられている。

例えば、オリンピック経験者として大会の意義を唱えるもの、大会を成功に導くために思いをつなぎたいとするもの、病気にかかり、あるいは障がいをもちながら、それを乗り越えて今の自分があること、家族や友人との別れや励ましの物語などがつづられていて、それらが一年の延期を経験してどのように変化してきたのかも読み取れる。このイベント自体は気運醸成のためのイベントであり、スポンサーの利益が優先されるイベントであることは間違いないが、多くのランナーが自分の人生に聖火リレーを重ね合わせていて、イベント開催の是非とは別に、この「思い」の表出は分析されるべき内容と形態を含んでいる。すなわち、このメッセージとランナーの走りはオリンピックにどのような「思い」が託されているのかということを端的に表している。ここにも商業主義と一体となった大会とポジティブなメッセージ性が共存する複合的なあり方を読み取れる。

市川崑が制作した一九六四年東京大会の「記録映画」を見ると、沿道でランナーに声援を送る多くの人びとが記録されている。聖火リレーは全国を駆け巡ることでオリンピックの気運を高め、人びとの「集合的記憶」を形作ってきたと考えられる(51)。この意味で賛否が折り重なる中で実施された複雑な感情を、人びとがどのようにして記憶していくのかについては大会後に分析が必要なテーマの一つである。

二回目の緊急事態宣言発出によっても感染拡大は収束できず、まん延防止等重点措置が大都市に次々と出されていく中、聖火リレーは続けられている。聖火リレーがウイルスの直接的な感染拡大につながっているという報告は出てきていないが、不安と不満、そして批判をもって受けとられていることは事実である。大阪府では四月からの急激な感染拡大を受け、四月一三日から実施する一部の地域で公道での聖火リレーが中止され、代替措置として万博記念公園内を周回するリレーが行われた。ランナーに選ばれた人たちの「思い」を大事にする措置ではあったが、そこまでして聖火リレーを続けることに意味はあるのか、再び批判が寄せられた。[52] 愛媛県では四月二一日の松山市内での聖火リレーが中止され、公園内でトーチの受け渡しを繰り返して運ぶ式典のみが開催された。この決断をした中村時広愛媛県知事が嗚咽をもらすシーンも見られた。その後、沖縄県名護市では市民会館周辺を無観客で走るなど、依然としてこのイベントの難しさを露呈しながらリレーは続けられている。

池江璃花子の復活と世論の二分化

第一章で見てきたように、競泳の池江璃花子は白血病にかかり、一度は東京大会を諦め、次のパリ大会への挑戦を表明していた。彼女はそこから驚異の復活劇を演じ、二〇二一年四月四日の日本選手権一〇〇メートルバタフライで優勝してオリンピック代表に内定した。

試合後のインタビューで、「自分がすごくつらくてしんどくても、努力は必ず報われるんだなという風に思いました」(53)と涙を流しながらこう答えた池江は、五〇メートル自由形、一〇〇メートル自由形、五〇メートルバタフライも制して四冠を達成した。派遣標準記録を突破した四×一〇〇メートルリレーとメドレーリレーの二種目でオリンピック出場が内定した。オリンピック一年前のカウントダウンイベントに登場したとき、多くの人は彼女の次大会への挑戦を応援していたが、その期待をはるかに超え出る東京大会の出場権獲得は世間を驚かせた。彼女にとっては大会の一年延期が幸いしたかたちとなったが、その努力と才能は並外れたものであることは間違いない。早速NHKが池江を生出演させて特番を組み(54)、池江復活を大々的にアピールした。

この日本選手権では四大会連続のオリンピック出場を決めた入江陵介、萩野公介ら他の選手も出場権を勝ち取ったのだが、池江の前に報道は少なめだった。それほどインパクトと物語性のある池江の復活劇であり、メディアの多くは彼女のストーリーを中心にオリンピック開催に向けた人びとの承認を得るため、一点突破を図ってきたように見える。ただし、池江のみならず、多くのアスリートにとって、一年延期は過酷な決定であり、難しい挑戦だったはずで、彼らの存在と挑戦も同様に伝える必要があっただろう。大会で見られるナショナリズムについて検討したように、ここには過度に物語化を行うオリンピック報道の問題点が浮き彫りになったとも言える。何をしても批判が向けられる構図になったオリンピックに対して、アスリートの活躍の場を準備してあげたいという開催支持の声がわずかながら表明されるようになった。

朝日新聞が四月一〇日・一一日に実施した世論調査(55)によると、「今年の夏に開催する」と答えた人が二八％、「再び延期する」が三四％、「中止する」が三五％となっていて、冒頭に見た一月の数字と比べて開催容認派が増えてはいるが、それでも夏の開催を望まない人が約七割いる(図1)。この調査では、開催した場合の観客についても聞いていて、「通常通りの観客数で行う」と答えた人が二％、「観客数を制限して行う」が四九％、「観客なしで行う」が四五％となっていて、無観客試合よりも有観客の開催がより望まれている実態が明らかとなっている。そこには自国開催の最大のメリットでもある観戦の選択肢を最後まで残しておきたいという気持ちが表れていて、組織委員会の判断と同じ方向を向いているようにも見える。世論はアスリートの活躍の場を確保し、経済的損失を抑えながら、前向きな話題が欲しい開催賛成派と、感染拡大のリスクや医療の逼迫によって引き起こされる命の危険を犯すべきではないとする中止派で二分化されていて、分断的状況が生み出されている。数字に表れているように、再延期の主張も一定数見られるが、選択肢としては現実的とは言えず、実際には二択にしぼられている。

大阪などを中心とする感染拡大のいわゆる第四波の影響を受けて、ゴールデンウイークを控えた四月二五日から五月一一日までの一七日間、東京、大阪、京都、兵庫で三度目の緊急事態宣言が発出された。飲食店の自粛に対象を絞った前回と違い、生活必需品を除く大型商業施設などが休業要請の対象となった。補償措置や説明が十分でない中、Jリーグやプロ野球も無観客試合となり、これまで制限された形態での実施に実績を重ねてきた多くの興行主が困惑している。また短い期間での宣言は、五月一七日に来日が予定されているバッハIOC会長に合わせているのではないかという憶測も出され、このような状況下でのオリンピック開催に突き進む姿に、かつてないほど批判と中止の世論が高まっている。二階幹事長は四月一五日、「これ以上とても無理だということだったらこれはもうスパッとやめなきゃいけない……オリンピックでたくさん蔓延させたということになったらなんのためのオリンピックかわからない」とも述べ、かつての何が何でも大会を実施するとしていた発言を改め、物議を醸した(56)。

組織委員会は夏に開催した場合の観客数のあり方を四月下旬に決める方針だったが、判断を六月に延期し、ＩＯＣなどとの五者協議で、判断時の国内のスポーツイベントなどの上限規制に準じることを決めた。橋本会長も「無観客という覚悟は持っている」と述べ[57]、中止にしない場合は無観客試合での開催が現実味を帯びてきた。中止、限定開催、無観客開催といったどの選択肢が選ばれたとしても、すべての人が納得するかたちでの結論はすでに導き出すことはできなくなっている。

ここまで二〇二一年の動向を振り返りながら、オリンピックがはらむ問題、課題について考えてきた。すでに示してきたように、中止にすればすべての問題が解決するわけではなく、開催にも多くの困難が伴う。コロナ禍がなければここまでの混乱は起きなかったであろうが、日本社会の有り様、そしてオリンピックにまとわりつく商業主義を始めとした多くの課題を浮かび上がらせることもなかっただろう。一年延期が私たちに何を考えさせてきたのか、最後にここまでの考察をまとめて本書を閉じることにしたい。

（1）「東京五輪、都民もそっぽを向き始めた」『withnews』二〇二一年一月九日付、ＷＥＢ配信記事。
（2）『時事通信社』二〇二一年二月一五日付、ＷＥＢ版。
（3）前掲、「東京五輪、都民もそっぽを向き始めた」。

(4)なお、二〇二〇年一二月末の緊急事態宣言の発出によって、宣言の出ている地域では、定員の五〇%以下か、五千人の少ない方を上限として収容人数が制限された。
(5)『朝日新聞』二〇二一年一月一日付、WEB版。
(6)『朝日新聞』二〇二一年一月一八日付、WEB版。
(7)『朝日新聞』二〇二一年一月六日付。
(8)『朝日新聞』二〇二一年一月一三日付。
(9)『朝日新聞』二〇二一年一月一二日付、WEB版。
(10)『日本経済新聞』二〇二一年二月三日付、WEB版。自民党本部でのスポーツ立国調査会と二〇二〇オリパラ東京大会実施本部の合同会合での発言。
(11)『朝日新聞』二〇二一年二月九日付。
(12)『日刊スポーツ』二〇二一年二月四日付、WEB版(「森会長発言全文」一-三)。
(13)スポーツ庁『スポーツ団体ガバナンスコード〈中央競技団体向け〉』二〇一九年。
(14)『朝日新聞』二〇二一年二月一一日付、WEB版。
(15)『朝日新聞』二〇二一年二月一〇日付。
(16)田中東子「オリンピック男爵とアスレティック・ガールズの近代」、清水諭編『オリンピック・スタディーズ――複数の経験・複数の政治』せりか書房、二〇〇四年、六六ページ。
(17)国際オリンピック委員会、日本オリンピック委員会訳『オリンピック憲章(二〇一九年六月二六日)』二〇一九年、日本オリンピック委員会ホームページ。
(18)IOC『オリンピック・アジェンダ2020 20+20 提言』二〇一四年、日本オリンピック委員会ホームページ。
(19)『毎日新聞』二〇二一年二月一六日付、WEB版。

(20)『朝日新聞』二〇二一年二月九日付。中西は本音の意味を問われ、女性と男性を分けて考える習性が強く、そのように育てられてきたため、ダイバーシティ（多様性）には課題があると述べてもいるが、それを日本社会の本音と表現したことは不適切である。
(21)ジェンダーギャップ指数とは、経済、政治、教育、健康の四つの分野のデータから作成され、ゼロが完全不平等、一が完全平等を示し、一に近づくほど男女平等が実現されているとされる。二〇二〇年の日本のスコアは〇・六五二で一二一位となっている。
(22)『朝日新聞』二〇二一年二月四日付、WEB版。
(23)『朝日新聞』二〇二一年二月六日付。
(24)『毎日新聞』二〇二一年二月一六日付、WEB版。
(25)『朝日新聞』二〇二一年二月一〇日付、WEB版。
(26)『ロイター』二〇二一年二月一二日付、WEB版。
(27)『NBC』二〇二一年二月一一日付、WEB版。
(28)NHKの取材によると、スポンサー七〇社のうちで、取材に応じたのが五四社あり、そのうちの三六社が森発言は容認できないと回答している（『NHK・NEWS WEB』二〇二一年二月九日付）。
(29)『朝日新聞』二〇二一年二月一一日付。
(30)トヨタホームページ（https://global.toyota/jp/company/trajectory-of-toyota/sports/mobility-for-all/philosophy/）。
(31)このことはフランスの社会学者ピエール・ブルデューの界（シャン）の概念から解き明かすことが可能である。例えば、石坂友司「戦前のスポーツ界の足跡――オリンピック初参加から幻に至るまで」、小路田泰直ほか編『〈ニッポン〉のオリンピック――日本はオリンピズムとどう向き合ってきたのか』青弓社、八六－一一二ページ。
(32)同上。

（33）森喜朗『遺書――東京五輪への覚悟』幻冬社、二〇一七年。「異分子を排除する体質」など、JOC批判は本書に頻繁に登場する。
（34）スポーツ振興くじｔｏｔｏの創設以降、スポーツ施設の運営、及びスポーツの普及・振興に関する業務を担うようになったが、元々は国立競技場の管理・運営、日本体育・学校給食センターとして、災害共済給付事業や学校安全支援業務を行ってきた組織である。
（35）石坂友司「２０２０年東京五輪に向け、メディアは理念と現実の両面から問題に切り込め」『Journalism』第三〇八号、二〇一六年、八九－九六ページ。
（36）『日本経済新聞』二〇一五年九月三〇日付、ＷＥＢ版。
（37）『日本経済新聞』二〇一五年一二月四日付、ＷＥＢ版。ちなみに、河野辞任後のＪＳＣ理事長大東和美は、同じく森のラグビー人脈と目される。なお、二〇二一年一月一日からは、内閣官房東京オリパラ推進本部事務局総括調整統括官、文部科学審議官などを歴任した芦立訓が理事長に就任している。
（38）新国立競技場整備計画経緯検証委員会『新国立競技場整備計画経緯検証委員会検証報告書』二〇一五年、三四－三七ページ。
（39）同上、五九ページ。
（40）中村祐司「新国立競技場建設をめぐる意思決定機能の歪み――スポーツは政治の「道具」なのか」、『宇都宮大学国際学部研究論集』第四一号、二〇一六年、八三－九三ページ。
（41）猪瀬直樹『東京の敵』ＫＡＤＯＫＡＷＡ、二〇一七年。
（42）森、前掲『遺書』二三－二四ページ。
（43）『毎日新聞』二〇一九年三月三日付、ＷＥＢ版。
（44）この問題は、買収され集票工作に関わったとされる国際陸上競技連盟会長のラミン・ディアク親子が捜査対象となっているが、息子のパパマッサタ・ディアクがセネガルに帰国し、セネガル政府がフランス当局の引き渡し要求を拒否しているため全容解明には至っていない。
(45) 石坂友司「スポーツ界の自律性と国家の統制」、『現代スポーツ評論』第四〇号、創文企画、二〇一九年、八一 - 八八。
(46)『朝日新聞』二〇二一年二月二八日付。丸山は県の体育協会会長を辞任して批判を続けたが、後にスポンサーによる演出の縮小などを条件に実施を決めた。
(47)『朝日新聞』二〇二一年三月二五日付。このほか、桜の苗木の記念植樹やタイムカプセルを埋めるイベントが近隣の小中学生が参加して行われた。
(48)『東京新聞』二〇二一年三月二六日付、WEB版。
(49)『朝日新聞』二〇二一年三月二六日付。
(50) 聖火リレーが実施されるようになった歴史や、これまでの展開例は舛本直文『オリンピックは平和の祭典』(大修館書店、二〇一九年)が詳しい。
(51) 石坂友司「成功神話の内実と記録映画がもたらす集合的記憶」、石坂友司・松林秀樹編『一九六四年東京オリンピックは何を生んだのか』青弓社、二〇一八年、二四 - 四四ページ。二〇年大会は映画監督の河瀬直美が記録映画を撮影している。
(52)『朝日新聞』二〇二一年四月一五日付。二日間で二〇人のランナーが辞退した。
(53)『朝日新聞』二〇二一年四月五日付。
(54) NHKスペシャル「池江璃花子 新たな挑戦」二〇二一年四月一〇日。
(55)『朝日新聞』二〇二一年四月一三日付、WEB版。
(56)『朝日新聞』二〇二一年四月一六日付。
(57)『朝日新聞』二〇二一年四月二九日付。

おわりに

史上初めてのオリンピック延期が決まった二〇二〇年三月以降、オリンピックを通して見えていた社会は全く別のものになってしまった。東京大会は振り返るのが難しいくらい、多種多様な問題、課題を引き起こしながらも、開催間近まで進んできていた。新型コロナウイルスの蔓延は、社会的距離を創出しながら私たちの社会のあり方を根底から変えてしまったばかりではなく、オリンピックそのものに対する見方も変えてしまったように思われる。本書を締めくくるにあたり、この大会の二〇二〇年までの歩みと、それ以後を分けて論じてみたいと思う。

二〇一六年大会の招致失敗から、二〇一一年の東日本大震災を経験し、復興オリンピックを掲げて再挑戦された二〇二〇年大会の招致は、二〇一三年に歓喜の声とため息を交えながら実現した。ザハ・ハディドの新国立競技場案の白紙撤回、エンブレムの盗用疑惑と白紙撤回などはすでに遠い記憶となっている。その後、開催経費の高騰をめぐって展開された競技場の建設中止や経費圧縮、コンパクトを標榜としていた大会の広域開催への転換、競技会場をどこに置くのかという議論を経ながら、開催案がまとまってきた矢先のマラソン競技の札幌移転など、この大会は初めから困難続きだったと言ってよい。この間、東京都知事は四人目となり、オリンピック担当大臣は六人八代目となっている。

七年の歳月（招致を含めれば九年）をかけて準備されるメガイベントの難しさと言ってしまえばそれまでだが、このオリンピックは何のために開催されるのかを改めて考えると、すぐに答えは出てこない。それは歳月のせいではなく、招致の段階から「理念なきオリンピック」という批判が行われてきたことと関係する。現在から振り返って見ても、東日本大震災に見舞われた二〇一一年三月から、わずか四ヶ月あまりで行われた二〇二〇年大会の招致立候補はあまりにも拙速だった。

招致に掲げられた復興オリンピックというワードは、震災下にある東京が立候補を行うために欠かすことのできない対外的なアピールポイントであったとともに、都合良く利用されてきた（第三章）。復興を成し遂げ、連帯を強調する言葉として利用されてきた一方で、福島第一原発の事故を抱えた日本にとって、事故や放射能汚染を想起させるものであることがわかると、一転して招致の過程から隠されることにもなった。開催が決まると、被災地での競技実施が形式的に整えられるとともに、ホストタウンの呼び込みが積極的に行われるようになった。また、聖火リレーは復興のシンボルとして、被災地を駆け巡ることになり、被災を受けたブルーインパルスの拠点である自衛隊松島基地、福島原発事故の収束拠点となったJヴィレッジが関連づけられたのである。

復興というワードが全く意味をなさなかったわけではない。大会準備の工程で、この意味が問い返されることによって、被災の記憶が薄れる人びとに、今一度被災地のことを思い起こさせる仕掛けとして機能してきた。逆に言えば、その程度の役割しか果たさなかったとも言えるが、二〇二一年三月に開始された聖火リレーは、復興への思いとそれが進んでいない現実との狭間に揺れつつ、ランナーに参加/辞退の判断を残酷に迫り、不都合な部分を隠しながら進められている。コロナ禍でオリンピックの開催意義が「コロナに打ち勝つこと」に変化していく中で、復興オリンピックという言葉は消されていった。

オリンピックに理念は必要なのか

二二〇年以上にも及ぶ歴史の中で、オリンピックは何度も危機に陥りながら、生き延びようともがいてきたことで、さまざまな理念や価値、特性を身にまとってきた。平和の祭典としてピエール・ド・クーベルタンが友誼を深めることを期待した大会は、各国のナショナリズムを鼓舞するメダル争いに利用されてきたし（第五章）、ナチスドイツのプロパガンダやモスクワ／ロサンゼルス大会でのボイコット合戦に代表されるように、政治にも利用されてきた。イギリスのある階級のエートスによって支えられてきたアマチュアリズムが崩壊すると、商業主義との関係を強め、テレビ局やスポンサーの利益を最大化するイベントとして成立してきた。この過程で招致都市は、都市開発や都市セールスの手段としてこの大会を利用するようになった（第二章）。一方で、環境問題へのアプローチやジェンダー平等など、理念的な衣を身につけ、大会の価値を高めるレガシーという言葉が生み出されてもきた。その意味で、これら複合的な要因が折り重なるイベントに変貌したオリンピックは、クーベルタンが思いを込めた理念的価値だけで評価できなくなりつつある。

このことは理念的価値がなくともこのイベントが成立するということを意味しない。オリンピックは理念的価値が前面に押し出される特異なスポーツ・メガイベントである。例えば、二〇一九年ラグビーW杯などと比べてみると良い。日本の快進撃に支えられながら、ラグビーという競技特性が醸し出すいわゆる「ノーサイド」の精神に多くの人が快哉を叫んだが、この大会がなぜ日本で開催されなければならなかったのかを問う人はほとんどいなかった。裏返せば、オリンピックはこれまで紡がれてきた理念によって、開催目的が自己目的化してはならないイベントとして多くの人に認知されているのである。

名古屋（一九八八年大会）や大阪（二〇〇八年大会）などの招致失敗に対して言われたように、オリンピックはただ開催したいという意思だけではＩＯＣの選考を勝ち抜くことができず、ましてや住民の理解は得られない。ＩＯＣの開催都市選考にまつわるスキャンダルをも含む構造的な歪みについてはここでは触れないが、二〇一六年大会の招致に失敗して、二〇二〇年大会に再挑戦する東京にはそれなりの理念が必要だったのである。復興オリンピックという言葉は、対外的にはアピールできる要素を多く含んでいたことは間違いない。ただし、そこに内実が伴っていたのかどうかは別である。

それ以外で東京大会が掲げた理念は曖昧としていて、「全員が自己ベスト」、「多様性と調和」、「未来への継承」という三つのビジョンが示されているのみだ。このうち「多様性と調和」が、それを軽視した森喜朗組織委員会会長の辞任につながったことはなんとも皮肉である（第六章）。理念不在の状況はコロナ禍に直面して、より明確に認識されるようになってきた。

開催することに意義があるという誤謬

理念から導き出される、オリンピックを開催する意義は実のところ十分に考えられていなくて、開催をしてしまえば生み出されるであろう遺産（レガシー）を当て込んで設計されていたのではないかという仮説を筆者は立てている。オリンピックの遺産を検証する際に用いられるレガシー・キューブと呼ばれる枠組みがある。(1)これは、意図（計画的／計画外）、評価（正／負）、有形性（有形／無形）の三軸からなる立方体に遺産を当てはめ、何が生み出されたのかを検証するものである。都市開発や競技場の建設によって生み出される有形の遺産に加え、大会でアスリートが生み出すパフォーマンスと物語、その記憶と大会の経験は無形の遺産を形成し、ポジティブな評価を生んでいくことが見込まれていた。ところが、コロナ禍によって開催が揺らいだことによって多くの前提が崩れ、辻褄があわなくなってしまったのである。

大会関係者、スポーツ関係者の多くは、「オリンピックの意義はオリンピックを開くこと」という説明にならない信念に凝り固まっている。このことの兆しは、例えばオリンピック教育などに現れていて、なぜそれを行うことが重要かはあまり言語化されておらず、平和思想やクーベルタンという言葉の教え込み、アスリートのオリパラ体験談や競技種目の体験というかたちで多くの時間が費やされてきたにとどまり、オリンピックの影の部分が巧妙に隠されてもいた（第四章）。クーベルタンやオリンピズムは、言葉としては多くの学生、生徒が教育を受けたように思うが、その内実に迫った授業はどれだけあっただろうか。

アマチュアリズムの信奉者、女性競技者に対する無理解などの側面から批判されることも多いクーベルタンだが、彼の掲げた理念を今一度振り返ることは、商業主義化された現代のオリンピックにあっては特に意味がある。和田浩一が指摘するように、近代オリンピックを通してクーベルタンが実現しようとした中身については十分理解されることはなかった。クーベルタンがオリンピズムという言葉に込めた思いは、「身体的、知的、道徳的そして審美的なすべての教育学を作り出す」活動として、オリンピック・ムーブメントを進めることであった。(2) クーベルタンの主張で示唆的なのが、「スポーツが「有益とも有害ともなりうる」二面性をもった存在であることを認識しながら、これらの意味や役割を複眼的に議論する慣行を確立すること」によって、スポーツの独立性と永続性を保証する教育改革を目指していた点である。(3) コロナ禍によってオリンピック開催の意義が再び問い直されるのを見ていると、彼の思想を日本社会、スポーツの状況に引き付けて言語化することが必要だったのではないかと思わざるを得ない。

新型コロナウイルスによる大会延期

歴史にイフはないものの、ウイルスの蔓延が起きていなければ、東京大会はつつがなく実施されていて、これまでの混乱がかき消されていた可能性は高い。一九六四年の東京大会がそのような過程をたどったことは先行研究から明らかになっている。(4) その意味で二〇二〇年大会は最終局面で大誤算に陥った。二〇二〇年三月二四日に、ＪＯＣ会長でＩＯＣ委員でもある山下泰裕を除外したかたちで大会の一年延期が決定された。感染拡大の状況に鑑みれば、一年延期が現実的でないことは明らかだったが、それを決断した者たちは政治判断と口にした。ここには政治に対するスポーツ界の自律性喪失という問題が浮き彫りになっている。

この時聖火はすでに日本に到着していて、被災地で「復興の火」として展示された後、三月二六日にJヴィレッジでグランドスタートが切られる予定だった。多くの人が集まり、密な状況が生み出されることへの警戒心と、大会開催が見通せない中で聖火リレーを走らせることに対する批判が徐々に高まる中、出発の二日前に大会延期が決まった（第一章）。

そこからの一年は、さまざまなスポーツイベントの中止に始まり、夏以降にようやく無観客での試合が開始されると、観客数を制限したかたちでの開催が模索されていった。非常事態宣言が出され、生活が制限される中、スポーツを目にすることのない日常が続いたことで、オリンピック開催に対する賛同も大きく揺らいできた。大会延期に伴う経費増加の問題や感染拡大の懸念から、大会を中止すべきと考える人、さらなる一年の延期を希望する人の割合は日増しに高まってきたのである。

二〇二〇年末からウイルスの感染が拡大していった、いわゆる第三波の影響を受け、新聞各社による世論調査では、夏の大会開催が難しいとする人の割合は八割にものぼった。そんな中、「ウイルスがどんなかたちであっても開催する」というメッセージを森は出し続けた。冷静に考えれば、一部の反対論や批判が向けられていたにせよ、コロナ禍にあってオリンピックは被害にあった側である。ところが森の発言は感染を拡大しても強行するイベントとして批判されるようになり、オリンピックを通じたさまざまな利権を代表していると解釈されながら、スポーツやオリンピックの価値を毀損し始めていったのである。

これに対して、オリンピアンでもあるJOC理事の山口香は、異論を排除する傾向が見られる組織にあって、延期決定時から、社会との対話をしながら「なぜ今オリンピックを開催するのか」が説得的に示されなければ、理解を得られないという主張を展開してきた。同様の主張は同じくオリンピアンの有森裕子らにも見られ、彼女たちの発言が共感を得ていく一方で、スポーツ界では少数意見にとどまった。また、何事にも中立（無色透明）であることを期待され、スポーツ選手が自らの意見を開陳するのが難しいとされる日本社会にあって、現役アスリートが発言できないのは仕方ないにしても、一部の例外を除いて、スポーツ界の大多数が口をつぐむ状況が続いたことは、変わらない／変われないスポーツ界の体質を示しているとも言える。全てが終わった後に、アスリートが語る言葉に耳を傾け、これまでの／これからのオリンピックについて検証することが求められてくるだろう。

オリンピックを理念的に再構築するために

二〇二一年二月、森は自身の女性に対する蔑視発言がもとで辞任を余儀なくされた。後任選びでも混乱が続いたが、橋本聖子五輪相が会長に就任し、再スタートを切った。二〇二一年夏の開催を望まない人の割合は依然として高く、社会との十分な対話が進まないまま、三月二五日には聖火リレーがスタートを切った。直前には海外からの観客受け入れが断念され、夏の開催は無観客になるのか、制限開催となるのかについて判断されていない中でのリレー開始は、多くの辞退者と参加に対する葛藤を生んだ。リレーによって大会を盛り上げたい主催者とそれを不安／不満に見つめる社会との温度差は縮まらないどころか、拡大し続けている。

ウイルスの感染拡大が続く、いわゆる第四波にさしかかって発出された四月末の緊急事態宣言を経て、オリンピックは「命」の問題と対峙する不幸な関係に突入してしまった。そこには祝祭的な雰囲気はなく、ＳＮＳを中心に批判にさらされる姿のみが見出される。ボタンの掛け違いはどこで起きていたのだろうか。どのような形態にしろ、大会開催に完全な賛同は得られなかったであろうが、日常生活が戻らず、変異株の存在と日々高まる医療体制逼迫のニュースが続く中、社会から敵視されない関係を築くことは十分可能だったと思われる。それは、現実的に直面している中止の可能性を見据えながら、感染状況による実施可能な大会の形態をシミュレートし、丁寧に説明を行っていくことであった。批判が向けられ続ける現状は、本書で示してきたように、どの組織も社会との対話を十分に行ってこなかったことが招いた帰結とも言え、オリンピックをめぐる開催／中止からくる分断とも呼べる状況は簡単には解消しないであろう。

そこまでして開催を続けようとする姿勢に多くの人が読み取ったのが、漠然とした「利権」という言葉で表される何かである。本書ではそれにかかわるいくつかの側面を検証してきたが、一方で、繰り返しになるが、オリンピックはさまざまな価値の複合体でもある。日本にとどまらず、全世界のアスリートの活躍の場を確保することや開催国の責任、国家的な対面、開催できないときの経済的損失など、複合的な要因が中止になることを拒んでいる。それらを単純な言葉に代表させて批判するのは容易だが、忘れてはならないのは、コロナ禍がなければこの大会は多くの人が楽しみにしていて、言祝がれていた可能性があるということである。そこには大会の開催によって獲得されるポジティブなレガシー（遺産）が前提とされていた。さまざまな困難、混乱に遭遇したあげく、残されたものが二〇二一年夏の結果というのは、あまりにも残念な結論ではないだろうか。

現時点でオリンピックを総括するのは適切ではないかもしれないが、五六年ぶりに開催されるはずだった東京大会は実に中途半端な大会として記録に残されようとしている。震災復興に代表されるように、理念を掲げ実行すること、大会準備、都市開発という名目、そして社会を変えることにおいても残念ながら胸を張れるものはみつからない。また誰がオリンピックを招致したのか、その責任の所在も明確ではない。招致を提案した都知事の石原は去り、長期政権のもとで推進してきた首相の安倍も、組織委員会の森もすでに表舞台にはいない。これまでいくつかの大会を検証してきた学者の立場からすれば、遺産をめぐる今後の検証は一層難しいものとなりそうである。そしてコロナ禍において、ただ開催するという発声だけで、社会との対話を十分に生み出せずにきたオリンピックは今後どのように評価されていくのだろうか。

東京大会のこれまでを振り返ってみれば、コロナ禍という困難が降りかかったことは差し引いたとしても、この企図は一部の都市開発などを成し遂げた以外は失敗に終わってきたと言わざるを得ない。しかしながら、逆説的な書き方になるが、オリンピックの開催がコロナ禍で宙づりになってはじめて、人びとはオリンピックを開催することの意義を真剣に考え始めたとは言えないだろうか。日本にオリンピックを開催する資格や力量はあったのだろうかという問いが、そもそもなかったのだという答えを前提に、かつてないほど語られるようになった。その問いは一方で、オリンピックには都市や国家に開催資格を問う何らかの審級が存在していることを示してもいる。オリンピックやＩＯＣの虚偽性を批判する立場の人が時に依拠してしまうこの審級が、これからの検証には重要だ。それはオリンピックには理念が必要だということを再度思い起こすことである。

いまや誰もが忘れ去っている二〇二〇年東京大会のキャッチフレーズをここで思い返しておきたい。「スポーツには世界と未来を変える力がある。」これまでの開催準備が旧態依然とした体制、体質によって支えられてきたことは疑いない。しかしながら、森の辞任によってジェンダー平等に向けた取り組みが進められている。組織委員会に女性理事が一二人追加され、女性比率はスポーツ団体のガバナンスコードが目標として掲げる四〇％を超えた。それが形だけの追加に終わったのかどうかは今後検証されていくだろうが、それでも大きな一歩である。タレントの侮辱発言で開閉会式を担当していた統括の佐々木宏が辞任に追い込まれた事案も、これまでの体制では起き得なかったことの一つだろう。

また、森の辞任騒動でスポンサーが発した批判のメッセージは、商業主義の大会にあって、オリンピックという構造を支えるスポンサーが大会を牛耳っているように見えて、実はその背後にいる消費者の反応を無視できないということをも示している。ワールドワイドパートナーのトヨタをはじめ、オリンピックにかかわっている多くの企業が理念とそぐわないという談話を発表して辞任に少なからず影響力を行使したことは、消費者の側から行き過ぎた商業主義に対する批判が向けられれば、その態度を修正せざるを得ないという可能性を示唆してもいる。また、聖火リレーでのスポンサーの過度な露出は、オリンピックのあり方を問い返すことにつながっている。東京大会を通じて、社会のあり方を劇的に変えるだけの力を私たちは持ち得なかったが、批判的な向き合い方によってオリンピックや社会を変容させる可能性に開かれていることは述べておきたい。

スポーツ、特にオリンピックは社会を映し出す鏡として機能すると言われてきたし、筆者もその言葉を好んで使ってきた。それがなぜ、どのようなメカニズムに基づいているのかについては今後も研究していく必要があるが、今大会を通して明らかになったのは、オリンピックは社会におけるさまざまな諸問題を、明確に、かつ単純化して、私たちの目の前にさらけ出してくれることである。その費用が数兆円にも及ぶ開催費用とはなんとも高価な代償ではあるが、ここ数年で日本社会が抱える問題の多くが露呈してきた。それを変えるために利用しない手はないだろう。オリンピックという理念的な審級に照らして、私たちの社会を検証していくという方法である。

前著でも指摘したように、現在の日本はオリンピックとともにある社会を構想するのか、別の価値を見いだすべきかの瀬戸際に立たされていることは間違いない。(5) コロナ禍における、何が何でも大会を開催するという姿勢は、多くの人びとのオリンピック離れを加速させるだろう。開催することに拘泥しなければ、ただ参加するという付き合い方も存在する。ただ、承知の通り、札幌が二〇三〇年大会に立候補していて、現時点では有力な開催地候補となっている。すでにこの大会の開催は、コロナ禍を迎える以前と同じようには考えられなくなっている。オリンピックそのものを廃止に追い込むことは一つの選択肢だろうが、それが招来するのは、私たちの前から問題が隠され、特定の種目以外は成立しなくなった衰退に向かうスポーツ界の姿であるように思えてならない。オリンピックを通じて社会を変え得る契機をみつけていけば、それが持ちうる「象徴的な権力」(6) はまだ十分利用価値がある。本書ではほとんどアプローチできていないが、東京大会が変えてきたオルタナティブな思考様式も今後検証されていくだろう。また、ＩＯＣという組織と現代オリンピックが抱え込んでいる問題の数々も今回明確になった。それらを開催都市の視点から提起し、変革していくこと、そしてオリンピックに完全に依存しない仕組み作りが今後必要になる。

いずれにせよ、私たちがオリンピックによって成し遂げようとしたこと／してきたことは何か、そして、それはどのような社会的状況によって可能になったのかについては、この大会の顛末と生み出された遺産を検証することで明らかにしていく必要があるだろう。また、コロナ禍にあって、私たちの社会がどのような課題に直面し、どのような選択を行ったのかについても記録、記憶される必要があるのである。

（1）石坂友司「オリンピック・レガシー研究の隘路と可能性——ポスト・オリンピック研究に向けて」、日本スポーツ社会学会編集企画委員会編『２０２０東京オリンピック・パラリンピックを社会学する——日本のスポーツ文化は変わるのか』創文企画、二〇二〇年、二四‐三六ページ。

（2）和田浩一「近代オリンピックの創出とクーベルタンのオリンピズム」、小路田泰直ほか編『〈ニッポン〉のオリンピック——日本はオリンピズムとどう向き合ってきたのか』青弓社、二〇一八年、四七‐四八ページ。

（3）同上、四七ページ。

（4）石坂友司・松林秀樹編『一九六四年東京オリンピックは何を生んだのか』青弓社、二〇一八年。

（5）石坂友司『現代オリンピックの発展と危機　１９４０‐２０２０——二度目の東京が目指すもの』人文書院、二〇一八年。

（6）同上。

初出一覧

はじめに　書き下ろし
第一章　書き下ろし
第二章「東京五輪がもたらす都市空間の変容」（『歴史評論』第八三二号、二〇一九年、八一‐九〇ページ）に加筆修正
第三章「オリンピックに託された震災復興とは何か」（石坂友司・井上洋一編『未完のオリンピック——変わるスポーツと変わらない日本社会』かもがわ出版、二〇二〇年、六‐三四ページ）に加筆修正
第四章「日本体育学会第七〇回大会報告——専門領域シンポジウム」（『年報体育社会学』第一巻、二〇二〇年、七五‐一一五ページ）、並びに「メガイベントにおけるボランティア——東京２０２０オリンピック・パラリンピックへの提言」（『都市問題』第一一〇巻第五号、二〇一九年、四八‐五六ページ）をもとに再構成
第五章「オリパラが生み出すナショナリズムを考える」（教育科学研究会『教育』第八九四号、二〇二〇年、四六‐五二ページ）、並びに「オリンピック・パラリンピックによるナショナリズムの高揚と学校体育の行方」（『体育科教育』第六八巻第一号、二〇二〇年、二二‐二五ページ）をもとに再構成
第六章　書き下ろし
おわりに「東京オリンピックは理念なき大会か」（『現代スポーツ評論』第四四号、創文企画、二〇二一年、五五‐六二ページ）に加筆修正

著者略歴

石坂友司（いしざか　ゆうじ）

1976年北海道生まれ。筑波大学大学院博士課程体育科学研究科単位取得退学。博士（体育科学）。現在、奈良女子大学研究院生活環境科学系准教授。専門はスポーツ社会学、歴史社会学。著書に『現代オリンピックの発展と危機1940-2020』（人文書院）、共編著に『〈オリンピックの遺産〉の社会学』（青弓社）、『オリンピックが生み出す愛国心』（かもがわ出版）、『〈ニッポン〉のオリンピック』（青弓社）、『一九六四年東京オリンピックは何を生んだのか』（青弓社）、『未完のオリンピック』（かもがわ出版）、共著に『幻の東京オリンピックとその時代』（青弓社）、『2020年東京オリンピック・パラリンピックを社会学する』（創文企画）など。

コロナとオリンピック
――日本社会に残る課題

二〇二一年七月　一日　初版第一刷印刷
二〇二一年七月一〇日　初版第一刷発行

著　者　石坂友司
発行者　渡辺博史
発行所　人文書院
〒六一二-八四四七
京都市伏見区竹田西内畑町九
電話〇七五・六〇三・一三四四
振替〇一〇〇〇-八-一一〇三

装　幀　上野かおる
印刷所　モリモト印刷株式会社

落丁・乱丁本は小社送料負担にてお取り替えいたします

ISBN978-4-409-24143-1 C0036

石坂友司著

現代オリンピックの発展と危機 1940-2020
――二度目の東京が目指すもの

二七五〇円
（本体＋税10％）

それは輝けるレガシーなのか、あるいは巨大なお荷物なのか？　混迷を極める事態の本質を探る、オリンピック研究の第一人者による刮目の分析。